개인의 동일성과 불멸성에 관한
대화

A DIALOGUE ON PERSONAL IDENTITY AND IMMORTALITY

개인의 동일성과 불멸성에 관한 대화

존 페리 지음 · 김태량 옮김

A Dialogue
on Personal Identity
and Immortality

P 필로소픽

김영정 선생님을 추모하며

옮긴이의 말

이 책이 번역서이긴 하지만, 이 책의 개정판 출간은 필자에게 몇 가지 점에서 남다른 의미를 지닌다. 필자는 김영정 교수님의 지도 하에 석사를 마친 후, 석사 장교로 늦은 나이에 군대에 가게 되었다. 전방과 707특수임무대대에서 40개월이라는 길다면 긴 의무 복무 기간을 마친 후, 미국으로 박사 유학을 가기 위해 그동안 게을리했던 머리를 쓰며 힘든 날들을 보내는 중이었다. 김영정 교수님께서 필자를 불러 책 한 권을 주시면서 번역을 권하셨다.

이 책이 다루고 있는 개인의 동일성과 불멸성의 문제는 학부와 대학원 시절 김영정 선생님과도 늘 토의를 하던 여러 철학적 화두들 중의 하나였다. 선생님께서 이 책을 번역하면 좋겠다는 생각을 하시던 차에, 책의 저자 존 페리 교수의 초청으로 스탠퍼드 대학교

언어 정보 연구센터CSLI에 1년간 가 계시게 되었다. 그때 존 페리 교수가 먼저 이 책의 번역을 권하였다고 한다.

필자는 이 책을 번역하여 김영정 선생님께 드리고, 미국으로 유학의 길에 올랐다. 김영정 선생님께서는 초고를 검토한 후에 공동 번역으로 출간을 하시겠다고 말씀하셨다. 3년여의 시간이 흐른 후에 책이 출간되었다는 소식을 들었다. 그러고도 수년이 더 흐른 후에, 우연한 기회에 후배를 통하여 출간된 책을 받아 볼 수 있게 되었다. 서울대학교 미학과를 졸업한 오혜정이 필자가 유학하고 있던 로체스터 대학으로 유학을 오게 되면서, 이 책의 초판 인쇄본을 나에게 전해 주었다. 이야기를 들은 즉, 나의 초고를 가지고 김영정 교수님께서 세미나 시간에 강독을 하셨다고 한다. 이 세미나에는 철학과 학생들과 미학과 학생들이 참여하였는데, 그중 한 명이 오혜정이었다. 그녀는 이 수업 등을 계기로 철학에 더 관심을 가지게 되었고, 철학을 전공하기 위해 미국으로 유학을 오게 되었고, 현재는 미국에서 철학을 강의하고 있다.

이 책의 주제인 신체에서 분리되어 죽음에서 살아남음, 영혼의 불멸, 개인의 동일성이라는 주제는 어느 지역 어떤 문화를 막론하고 인간이 사고를 시작한 이후 줄곧 인간의 주된 관심 분야의 하나로 자리 잡고 있다. 오랜 기간 동안 답보 상태에 머물러 있던 인간의 정신, 마음, 영혼에 대한 연구는 신경생리학, 두뇌 과학 등의 발전과 더불어 자연과학적 탐구의 대상이 되었고, 이러한 연구에 힘입어 심리철학의 성격도 어느 정도 바뀌어 가고 있다. 심리철학은 지난 30여 년 동안 현저한 발전을 이루었고, 괄목할 만한 성과를 보이고 있는 학문 분야가 되었다. 인지 과학의 폭발적인 성장은 물론, 인간의 심성에 대한 이해를 증진시키기 위하여, 연관된 분야인 언어학, 심리학, 신경 과학, 인공지능 등의 분과 학문들 간의 학제 간 연구는 매우 활성화되어 가고 있으며, 미래로의 혁신을 이룰 주된 분야로 자리 잡아가고 있다.

이 책은 그 전개 방식에서도 고전성과 현대성을 동시에 아우르고 있다. 플라톤의《대화편》을 비롯하여 대화를 통한 철학 방식은 이 책의 주제만큼이나 무척 오랜 역사를 가지고 있다. 그것은 철학적 내용 전달 면에서 대화 형식이 가질 수 있는 호소력에 기인할 것이다. 영혼의 불멸과 개인의 동일성에 관한 주제는 근래에 종종 영화화되어 감각적인 흥미를 자극하고 있다. 예를 들어 영화〈트렌센던스Trenscendence〉에서 인공지능 학자로 나온 조니 뎁은 자신 신체의 죽음에 앞서 자신의 뇌의 패턴을 컴퓨터에 업로드하게 되고, 동료 연구자들은 과연 업로드된 컴퓨터상의 대상이 자신들의 동료였던 사람과 동일인인지 아닌지를 고민하게 된다.《특이점이 온다The Singularity is Near: When Humans Transcend Biology》라는 저서로 우리에게 알려진, 구글의 기술고문이자 미래학자인 커즈와일

Ray Kurzweil은 인공지능과 인간의 두뇌가 자연스럽게 하나가 될 것이라고 예측한다. 그는 사람의 마음을 업로드하는 게 가능해지고, 우리의 의식이 뇌 기반에서 컴퓨터 기반으로 바뀔 것이라고 주장한다. 스티븐 호킹 박사도 사람의 뇌를 컴퓨터에 복사하는 게 가능해질 것이라고 예측한 바 있다. 《마음의 미래The Future of the Mind》의 저자이자 물리학 교수인 미치오 카쿠 교수는 뇌를 컴퓨터에 연결해서 우리의 기억과 생각을 해독해 낼 수 있게 되며, 이렇게 되면 역사가와 작가들은 사건들을 디지털로 기록할 뿐 아니라 감정도 기록할 수 있게 된다고 주장한다. 이렇게 되면 사람들이 다른 사람들을 이해하는 단계에서 벗어나 서로의 고통과 행복을 직접 느끼고 체험할 수 있게 될 것이며, 주관적인 관점과 제삼자적인 객관적 관점의 경계가 모호하게 될 것이다. 이렇듯 영혼의 불멸과 개인의 동일성에 관한 다양한 입장들이 제시되고 있지만, 전공하는 학자들 대부분의 공통적인 공감을 받는 이론은 아직 없다. 이러한 흥미와 관심들이 감각에서 출발해서 감각으로 끝나는 것은 결코 바람직하지 않을 것이나, 이러한 호소를 통해 철학적 내용에 흥미를 느끼기 시작할 때, 이 책에서와 같이 감각으로부터 시작하여 이성으로의 올바른 판단의 기준을 제공해 주는 것은 권장할 만한 일이다.

이 책의 초판이 절판된 지 여러 해가 지났다. 알파고가 이세돌

바둑 기사를 이기고, 자율주행 자동차가 곧 상용화되는 이 시점에서, 최근의 인공지능에 대한 폭발적인 관심은 오랜 철학적 주제인 영혼의 문제, 개인의 동일성 문제와 연관되어 대학가에서도 이 책에 대한 꾸준한 수요가 있었다. 하지만 더 이상 책을 구할 수 없었고, 재판을 발행하기도 쉽지 않았다. 초고를 작성하고 공동 역자였던 필자는 고인이 된 선생님께 누가 되지 않는 범위 내에서 필요한 수정들만을 하여 재판을 발행하게 되었다. 오랜 기간에 걸친 세미나를 통하여, 그리고 여러 대학원생들이 각자의 부분을 담당하여 노력을 한 결과로 초판이 나와서인지, 부분마다 동일한 용어가 조금씩 다르게 번역되거나 내용의 표현 방식들에서 차이가 있는 점들을 수정하여 통일성을 이루도록 하였다. 그리고 오해의 여지가 있는 몇몇 부분들을 명확히 하였고, 오래된 구어적인 표현들은 현대적 개념과 용어들로 바꾸었다. 필자의 게으름에도 재판본을 성심껏 꾸준하게 추진해 준 필로소픽 담당자께 고마움을 표한다.

목차

저자의 서

나는 스탠퍼드 대학교로부터 안식년을 받아 구겐하임 펠로Guggen-
heim Fellow로 가 있는 동안 이 책을 집필했다. 두 기관의 지원에
대해 감사드린다.

이 글은 개인의 동일성에 관한 나 자신의 견해를 설명하고 옹호
하려는 목적이 아니라 이 주제에 관한 글에서 나타나는 입장과
논변들을 소개하고 발전시키기 위해 쓰였다.

개인의 동일성과 불멸성에 관한 대화

이 글은 미국 중서부의 어느 작은 대학교의 철학과 여교수인 그레천 웨이롭Gretchen Weirob과 그녀의 두 친구 사이의 대화를 기록한 것이다. 대화는 오토바이 사고로 부상을 입은 그녀가 죽기 전 사흘 동안 매일 밤 그녀의 병실에서 이루어졌다. 샘 밀러Sam Miller는 목사이자 웨이롭의 오랜 친구이고, 데이브 코언Dave Cohen은 그녀의 제자였다.

첫째 날 밤

*A Dialogue
on Personal Identity
and Immortality*

코 언   그래천 선생님, 저는 선생님 말씀이 믿기지 않아요. 이
        렇게 의식도 또렷하고 크게 고통스러워 보이지도 않으
        신데, 가망이 없다니요.

웨이롭   이 장치들은 기껏해야 하루 이틀 정도 나를 연명시킬
        뿐이야. 중요한 신체기관들이 너무 손상되어서, 내가
        거부한 다소 극단적인 방법들을 동원하지 않고는 치료
        가 불가능하다네. 통증이 아주 심한 건 아니야. 하지만
        안 아픈 게 특별히 좋은 징조도 아니지. 평상시처럼 의
        식이 또렷한 건 뇌는 다치지 않았기 때문이라고 생각

해. 걱정스럽게도, 전반적인 상황이 그리 좋지 않아. 저기 샘 밀러가 오는군. 아마 저 친구는 내 기분을 좋게 해 줄 방법을 알고 있을 거야.

밀 러 그레천, 잘 있었나? 데이브, 안녕? 빙빙 돌려 얘기해 봐야 별 도움이 될 것 같지 않군, 그레천. 의사들이 당신에게 남은 시간이 얼마 없다고 하더군. 내가 도울 수 있는 일이 뭐 없을까?

웨이롭 이런 썰렁한 친구 같으니, 샘! 당신은 매일 죽어 가는 사람을 대하잖아. '당신에게 살날이 얼마 남지 않았다니 마음이 아프다' 같은 식상한 소리 말고, 좀 더 위안이 되는 말은 없어?

밀 러 글쎄. 당신에게 무슨 말을 해야 할지 솔직히 조금 당혹스러워. 내가 대하는 사람들은 대부분 나 같은 신자들이야. 우리끼리는 사후에 살아남을 수 있는 전망에 대해 얘기하지. 신께서 현세의 이러한 짧은 삶만으로 우리의 모든 것이 끝나도록 정말 놔두셨을까? 나는 신자들에게 확신을 주지. 정의롭고 자비로우신 신께서 그런 졸작을 창조하시지는 않았을 거라고 말이야. 당신과 내가 여러 해 동안 종교적이고 철학적인 주제에 관한 대화를 나눠 왔지만, 나는 당신에게서 신을 믿으려는 성향을 조금도 찾을 수가 없었어. 항상 모든 것에 회의적이었지. 사실이지, 당신의 친구들이 마음을 가지고 있다거나, 눈앞에 있는 당신이 손을 볼 수 있다거나, 혹은 내일도 해가 떠오를 것이라는 것조차도 확실히 믿을 만한 것이 아니라고 생각하지. 당신이 사후의 삶이 전혀 있을 법하지 않다고 생각하리라는 것을 아는데, 어떻게 내가 사후의 삶에 대한 이야기로 당신에게 위안을 줄 수 있겠어?

웨이롭   샘, 내가 그렇게 많은 것을 바라는 건 아니야. 어떤 상황에서는 아주 희박한 가능성이 있다는 것만으로도 위안이 될 수 있어. 우리가 예전에 테니스를 칠 때, 나는 스무 번에 겨우 한 번 정도 당신을 이길까 말까 했었지. 그렇지만 그것만으로도 어떤 경기에서건 당신을 이길 수도 있다는 가능성을 품을 수 있었지. 바로 그 가능성에 매달려 열심히 경기할 수 있었어. 도망은 꿈도 못 꿀 정도로 삼엄한 교도소에 갇혀 가망 없어 하다가, 탈

옥할 수 있다는 실낱같은 가능성을 알게 되면 우리는 이루 말할 수 없이 기쁠 거야. 희망은 위안을 줘. 실제로 일어날 법한 희망만 위안을 주는 것은 아니야. 하지만 우리는 우리가 바라는 것이 적어도 가능하다는 것을 믿어야만 위안을 얻을 수 있지. 그래서 나는 당신에게 보다 쉬운 일을 부탁하려 해. 단지 이 몸이 죽은 뒤에도 내가 사는 것이 **가능하다**는 것만 납득하게 해 줘. 그러면 나는 틀림없이 위안 받을 거야. 당신이 성공하든 못하든 헛수고한 것은 아닐 거야. 알다시피 나는 다른 어떤 것보다 철학을 논하기를 좋아하니까, 그런 시도만으로도 나에게 기분 전환이 될 수 있을 거야.

밀 러 실제로 있을 법함이 아니라면, 무엇이 가능성이라는 말이야?

웨이롭 나는 가능하다는 말을 실제로 그렇게 될 것 같다는 의미나 심지어는 물리학이나 생물학의 알려진 법칙들에 들어맞는다는 의미로도 사용하지 않아. 피할 수 없는 사실들이 주어졌을 때, 단순히 상상 가능하다는 가장 약한 의미로만 사용하지. 앞으로 며칠 안에 내 몸은 죽고 말거야. 이 몸은 땅에 묻히고 썩어 없어질 거야. 이것이 피할 수 없는 사실이라고 할 때, 내가 계속 존재한다고 말하는 것이 도대체 어떻게 **이치**에 닿을 수 있는지를 설명해 줘. 이 몸이 땅에 묻히고 썩어 없어질 거라는 사실들과 부합하면서도, 내가 살아남아 존재하기를 계속한다면, 도대체 내가 뭘 **상상**해야 하는지를 말이야. 그러면 난 위안을 받을 거야.

밀 러   그렇다면 딱히 뭐 할 게 있나? 죽음에서 살아남음, 즉 불멸에 관한 이치에 닿는 듯한 개념들이 이미 많이 있어. 불멸의 가능성은 의심의 대상이 아니야. 오직 실제로 그럴듯함만이 의심의 대상이지. 당신이 선택해! 종파에 따라서 세부 내용들이 다르긴 해도, 기독교인들은 내세에서도 신체를 가진 삶이 있다고 믿어. 그리스인들은 신체를 죽을 때 떠나게 되는 감옥으로 생각했어 ― 그 이후에는 신체 없는 삶을 계속하게 되지. 그리고 우리가 소위 존재의 흐름에 합일하게 된다는 개념들도 있지.

웨이롭   비교종교학 강의는 그만둬. 사후에 살아남는다는 것은 살아남음을 의미하지, 그 이상도 그 이하도 아니야. 내가 존재와 합일하게 되리라는 것을 나는 전혀 의심하지 않아. 식물들이 내 유해에 뿌리를 내릴 것이고, 나를 구성했던 화학물이 생명에 계속 기여하게 될 거야. 생태학자로서는 충분히 위안 받을 거야. 하지만 사후에 살아남는다는 건, 어떤 것이 정말로 살아남는 것이라면, 어떤 다른 종류의 위안들을, 즉 **기대**할 수 있다는 위안을 주어야 해. 살아남는다는 것은, 내일 혹은 미래의 언젠가, 경험하고 보고 느끼고 냄새를 맡고, 혹은 적어도 생각하고 추론하고 기억할 누군가가 존재할 것이라는 걸 의미하지. 그리고 그 사람이 바로 **나**일 거야. 이 사람은 지금의 내가 그러한 미래의 경험들을 기대하고 바라는 것이 옳다는 점에서 나와 연결될 거야. 그리고 나는 미래의 그녀가 내가 생각하고 행했던 것들을 기억하고, 내가 잘못한 것에 대해서는 후회하고, 내가 잘한 것에 대해서는 뿌듯해하는 것이 옳다는 점에서 그녀와 연관되지. 그리고 기대와 기억을 이런 방식으로 충족시켜주는 유일한 관계가 바로 **동일성**이야. 다른 사람에게 일어날 일을 자신에게 일어날 것처럼 기대하는 것은 결코 옳지 않기 때문이지. 안 그래? 혹은 다른 사람이 한 것을 자신의 생각이나 행동이라고 기억하는 것도 마찬가지로 옳지 않은 것 아닌가? 그러니 존재와의 합일이니 따위의 말도 안 되는 소리는 하지 마. 죽은 후에도 동일성을 가지고 살아남을 수 있을지 말해 주거나, 아니면 야구나 낚시 얘기를 하지. 어쨌든 감정적으로 말해서 미안해. 나는 어떤 한 의미를 갖는 말이 다른 의미로 쓰일 때, 예를 들어 사후에 살아남음에 관해 이야기를 하면서, 같은 사람이 계속 존재하는 것이 아님을 의미할 때, 강한 거부감이 들어. 그건 사기야!

밀 러 미안해. 변명하자면, 나는 단지 시대의 흐름에 따라 말하려 했을 뿐이야. 왜냐하면 근대 신학을 읽거나 동양 종교학을 공부하고 있는 내 학생들에게 얘기할 때, 같은 사람이 계속 존재한다는 단순한 의미로서의 사후의 살아남음이라는 개념은 시대에 뒤떨어져 보이기 때문이지. 절대 존재와의 합일! 절대 존재와 합일! 그것이 내가 들은 전부야. 내 자신의 신념들은 다소 모호하기는 해도 아주 단순하지. 나는 당신이 다시 살 것이라고 생각해. 신체가 있을지 없을지는 나도 모르겠지만. 나

또한 죽은 후에, 당신과 내가 다시 만날 거라고 믿으면 나는 편안해 져. 우리는 어떻게든 소통할 것이고, 정신적으로 계속 성장할 거야. 이것이 내가 지금 여기 앉아 있다는 것을 믿는 만큼 확실히 믿는 바야. 왜냐하면 만약 이 한 순간의 삶이 우리에게 주어진 전부라면, 신의 행위가 어떻게 정당화될 수 있을지 나는 모르겠기 때문이야. 만약 이 힘들고 괴로운 몇 년이 정말로 삶의 끝이라면, 나는 신께서 왜 우리를 창조하셨는지 이해하지 못하겠어.

웨이롭   샘, 우리가 한 말을 떠올려 봐. 당신은 사후에 살아남는다는 것이 실제로 그럴듯하다는 것을 나에게 확신시킬 필요가 없어, 왜냐하면 당신이 조금도 그렇게 할 수 없으리라는 것을 우리 둘 다 알기 때문이지. 단지 그것이 가능하다는 것만 나에게 확신시켜 주면 돼. 유일한 조건은 우리가 말하는 것이, 일반 사람들의 기준으로 볼 때 존재하기를 완전히 그만두는 것이라고 간주할 법한 어떤 최신식 모조품 같은 살아남음이 아니라, 실제적인 살아남음이기만 하면 되네.

28

밀 러   그렇다면, 내가 문제를 조금 놓친 것 같아. 물론 그것
은 가능하지. 당신은 신체가 죽은 뒤에도 계속 존재할
거야. 옹호하거나 설명해야 할 게 뭐 있나? 더 자세한
내용을 원하나? 좋아. 지금으로부터 천 년 뒤에, 이 물
리적인 우주 내의 어디이거나 아닐 수도 있는 어떤 장
소에서 두 사람이 만날 거야. 내가 그 중 하나이고 당
신이 다른 한 사람이지. 그러니 당신은 틀림없이 살아
남은 거야. 분명히 당신은 그것을 상상할 수 있지. 말
해야 할 게 더 있나?

웨이롭   하지만 며칠 뒤에, 나는 숨 쉬기를 그만둘 거고, 내가
관에 눕혀지고, 내가 묻히게 될 거야. 그리고 몇 달 혹
은 몇 년 뒤에, 나는 부엽토가 될 거야. 이것이 내가 분
명하다고 받아들이는 사실이지. 그렇다면 당신은 어떻
게 지금으로부터 수천 년 후의 그 사람들 중 하나가 나
라고 말할 수 있나?

   내가 이 클리넥스 한 통을 가지고 가서 불을 붙였다
고 가정해 봐. 클리넥스는 재가 되고, 재를 변기에 부
수고 물을 내리지. 그러고 나서 내가 당신에게 "집에
가 봐, 선반 위에 바로 그 클리넥스가 있을 거야"라고

말하지. 클리넥스는 살아남았어! 이거 터무니없지 않아? 여기서 무슨 의미를 찾을 수 있어? 그렇지만 이게 바로 당신이 내게 말한 전부야. 나는 썩어 없어질 거야. 그러고 나서 천년 후에 내가 거기 있을 거라는 게 도대체 무슨 의미지?

밀 러 당신 집에는, 그 클리넥스와 모든 면에서 같은, **동일한** 클리넥스 한 통이 있을 수 있지. 그리고 이런 의미로, 비록 신체가 썩어 없어진다 해도, 내세에 당신과 동일한 누군가가 존재할 수 있다는 데 아무런 어려움이 없을 거야.

웨이롭 또 말장난을 하고 있군. 내 선반 위에는 **정확하게 닮은** 클리넥스 한 통이 있을 수 있어. 우리들이 '동일한(일란성) 쌍둥이'를 말할 때처럼, '정확하게 닮은' 것을 의미하기 위해서 우리가 '동일한'이란 단어를 사용하기도 하지. 하지만 지금 나는 **동일성**이 기억과 올바른 기대의 조건이라는 방식으로 '동일한'을 사용하는 거야. 만약, 비록 내가 죽더라도, 나와 똑같이 생기고 똑같이 소리 내고 똑같이 생각하는, 다른 어떤 사람이 살아갈 거라는 말을 들으면, 위안을 얻을 수 있겠어? 그녀가 경험하는 것들이 내 것이 될 거라고 올바로 **기대**할 수 있어? 내가 그녀의 고통을 두려워하고 그녀의 즐거움을 갈망하는 것이 이치에 맞아? 내가 지금 당신을 가혹하게 대했다고 그녀가 후회하는 것이 옳은 거야? 분명히 그렇지 않아. 아무리 똑같다고 해도 닮음은 동일성이 아니야. 나는 단지 하나만 있다는 의미로 동일성을 사용하고 있어. 만약 내가 죽은 후에도 여전히 살아 있다면, 지금 이 침대에 누워 있는 사람과, 조만간 혹은 천 년 뒤에 당신이 말하는 내세에서 누군가와 얘기하고 있는 사람은 한 사람이어야만 해. 결국 내가 행했던 몇몇 좋은 일들의 공을 인정받으면서 천상을 활보하고 있는, 나인 척하는 사람이 있을 수 있다는 것이 어떤 위안을 줄 수 있겠어?

밀 러   미안해. 내가 단순히 혼동했었다는 것을 이제 알겠어. 내가 바로 이걸 말했어야 했어. 그 클리넥스 한 통이 단순히 어떤 배열을 갖는 마분지와 풀이듯이, 만약 당신이 단지 살아 있는 인간의 신체일 뿐이라면, 신체의 죽음은 아마 당신의 끝일 거야. 하지만 분명히 당신은 신체만이 아니라, 근본적으로 그 이상이지. 근본적으로 당신인 것은 당신의 신체가 아니라, 당신의 영혼 혹은 자아 혹은 마음이지.

웨이롭 당신은 '영혼', '자아', 혹은 '마음'이라는 단어들을 같은 의미로 사용하나?

밀 러 아마도 구별할 수 있을 거야. 하지만 지금 그것을 구별하지는 않을 거야. 나는 당신의 비물리적이고 비물질적인 측면들, 당신의 의식을 말하는 거야. 이 단어들로 내가 도달할 수 있는 의미는 바로 이것이야. 그리고 내 생각에 더 이상 구별할 필요는 없다고 생각해.

웨이롭 의식? 아직 당분간은 의식이 있지. 내가 보고, 듣고, 생각하고, 기억하지. 하지만 '의식하고 있다'는 것은 동사야. 도대체 그 동사의 주어, 의식하고 있는 것이 무엇이지? 그것은, 살찌고 다쳐서 침대 위에 누워 있는, 그리고 하루나 기껏해야 일주일 안에 땅에 묻혀서 의식하지 못하게 될 것과 같은 대상인, 바로 이 신체 아닌가?

밀 러 　당신이 철학자이니까, 이 주제가 별로 혼란스럽지 않
　　　　을 거야. 데카르트가 신체와 마음 사이의, 즉 살쪄 있
　　　　는 것과 의식하고 있는 것 사이의 구분을 분명히 하지
　　　　않았어? 마음 혹은 영혼은, 당신이 이 세상에 사는 동
　　　　안 신체에 깃들어 있는, 비물질적인 것이야. 이 둘은
　　　　밀접히 연관되어 있지만, 동일하지는 않아. 그리고 분
　　　　명하게도, 살아남음에 있어서 우리의 관심사는 당신의
　　　　마음 혹은 영혼이야. 지금 내 앞에 있는 사람과 동일해
　　　　야 하고, 천년 후의 내세에서도 내가 만나고 싶어 하는
　　　　사람과 동일해야 하는 것이 바로 이것이야.

웨이롭 　그래서 내가 실제로는 이 신체가 아니고, 영혼 혹은 마
　　　　음 혹은 정신이라는 거야? 그리고 이 영혼은 보이거나
　　　　혹은 느껴지거나 혹은 만져지거나 혹은 냄새 맡아볼
　　　　수도 없다는 거야? 영혼이 비물질적이라는 사실로부
　　　　터 말하고자 하는 게 이것 맞아?

밀 러 　바로 그거야. 당신의 영혼은 보고 냄새 맡지만, 보이거
　　　　나 냄새 맡아질 수는 없어.

웨이롭   내가 제대로 이해했는지 확인해볼게. 당신이 지난주에
　　　　　도르시스 레스토랑에서 점심을 함께한 사람과 내가 같
　　　　　은 사람이라는 것을 당신은 인정하겠지?

밀　러   물론 당신이지.

웨이롭   만약 당신을 내가 올바로 이해했다면, 내가 그 사람과
　　　　　같은 사람이라고 당신이 말하는 건, 보고, 만질 수 있
　　　　　고, 두렵게도 냄새 맡을 수 있는 이 신체에 대한 것은
　　　　　아닐 거야. 그것은 오히려 당신이 볼 수도, 만질 수도,
　　　　　냄새 맡을 수도 없는 영혼에 관한 언급이겠지. 지금 당
　　　　　신 앞 침대 위에 누워 있는 이 신체가 도르시스에서 식
　　　　　탁 건너편에 앉아 있던 것과 같은 신체라는 사실은, 만
　　　　　약 같은 영혼이 아니었다면, 두 경우에 같은 **사람**이 있
　　　　　었다는 것을 의미하지는 않을 거야. 그리고 만약, 어떤
　　　　　기이한 사건들의 결과로, 같은 영혼이 두 경우에 다른
　　　　　신체들에 깃들어서 존재했다하더라도, 그것은 **아마도**
　　　　　같은 사람일 거야. 그렇지 않아?

밀　러   내 말을 완벽히 이해했군. 하지만 분명히 당신은 이 모

든 것을 이미 알고 있었을 거야!

웨이롭   잠시만 기다려 봐. 조금 전에 말한 것들을 반복해서 말할 수는 있지만, 내가 그것을 이해했는지는 모르겠어. 만약 당신이 내 영혼을 볼 수도, 만질 수도, 어떤 방식으로도 인식할 수 없다면, 지금 마주하고 있는 영혼이 도르시스에서 당신이 마주했던 바로 그 영혼이라고 어떻게 생각할 수 있지?

밀 러   방금 내가 설명했잖아. 같은 영혼이라고 말하는 것과 같은 사람이라고 말하는 것은 같아. 그리고 물론 당신은 예전의 당신과 같은 사람이지. 당신 자신이 아니라면, 도대체 누가 당신이겠어? 당신은 과거에도 그레천 웨이롭이었고, 지금도 그레천 웨이롭이야.

웨이롭   하지만 당신은 그레천 웨이롭과 말하고 있다는 것을 도대체 어떻게 알고, 다른 사람, 예를 들어 바버라 월터스나 혹은 마크 스피츠와 말하고 있지 않다는 것을 어떻게 알지?

밀 러   글쎄, 그건 분명하지 않나. 나는 나와 말하는 상대방이
        누구인지 볼 수 있어.

웨이롭   하지만 당신이 볼 수 있는 건 내 신체밖에 없어. 당신
        은 아마도 지난주에 도르시스에서 당신 앞에 있었던
        것과 같은 신체가 지금 당신 앞에 있는 것을 볼 수 있을
        거야. 그런데 그레천 웨이롭은 신체가 아니라 영혼이
        라고 방금 당신이 말했어. 그때 앞에 있었던 사람과 같
        은 사람이 지금 앞에 있다고 할 때, 당신은 볼 수도, 만
        질 수도, 냄새 맡을 수도, 맛봐질 수도 없는 영혼에 관
        해 판단하고 있는 게 분명해. 그래서 다시 묻겠는데,
        지금 다른 사람이 아닌 그레천 웨이롭과 말하고 있다
        는 것을 어떻게 아는가?

밀 러   글쎄, 나는 도르시스에서 식탁 건너편에 있던 것과 같
        은 신체가 지금 내 앞에 있다는 것을 알 수 있어. 그리
        고 예전에 그 신체와 연결되었던 것과 같은 영혼이 지
        금 이 신체와 연결되어 있다는 것을 알지. 이것이 내가
        당신을 알아보는 방식이야. 나는 이 문제가 별로 어렵
        지 않다고 생각해.

웨이롭   당신은 '같은 신체, 같은 자아'라는 원리에 따라 추론하는군.

밀 러   그렇지.

웨이롭   그렇다면 역으로 해도 그렇게 추론할 수 있을까? 만약이 침대에 당신이 매일 밤 뉴스에서 보는 바버라 월터스의 신체가 있다면, 당신은 이 침대에 있는 것이 나, 그레천 웨이롭이 아니라고 추론할 건가?

밀 러   물론 그렇게 추론하겠지. 어떻게 당신이 바버라 월터스의 신체로 있을 수 있겠어?

웨이롭   그렇다면 이 원리를 내세로 단순히 확장해 보자고. 그러면 당신의 살아남음에 대한 개념이 이치에 맞지 않는다는 걸 알게 될 거야. 분명히 이 신체는 땅에 묻히게 되고, 내가 종종 말해 왔듯이 **썩어 없어져서**, 당신이 말하는 내세에는 있지 않을 거야. 다른 신체라면, 다른 사람이지. 아니면 당신은 한 신체가 지구상에서는 썩어 없어질 수 있지만, 여전히 다른 어딘가에서 나타날 것이라고 말하고 싶어? 내가 그 클리넥스 상자 얘기를 다시 해야 할까?

밀 러 그럴 필요 없어, 내가 주장하려는 건 그것이 아니야. 나는 지상에서 믿을 수 있다고 알려진 원리를, 내세와 같은 다른 상황으로 확장하지도 않을 거야. 신체와 영혼 사이의 상관관계가 현세에 발견되었다는 사실이 신체와 영혼이 미래에 분리되는 것을 상상하지 못하게 하거나 혹은 불가능하게 하지는 않아. 한 상황에서 작용하는 것으로 알려진 원리들이 아주 다른 상황에서도 작용한다고 가정해서는 안 돼. 여기에서는 일월에 눈이 오니까 그렇지 않을 걸로 예상하는 것은 어리석은 짓이야. 하지만 그 원리는 남부 캘리포니아에서는 적용되지 않아.

웨이롭 그러니까 '같은 신체, 같은 영혼'이라는 원리는 잘 확증된 규칙이지만, 당신이 '선험적'으로 아는 것은 아니라는 거군.

밀 러 당신과 같은 철학자들은 '선험적'이라는 말로 이 세상에서 무엇이 실제로 일어나는지를 관찰하지 않고서도 알 수 있는 그런 것을 의미하지? 예를 들어 2 더하기 2 가 4라는 것을 단지 수들에 대해 생각함으로써 알 수 있듯이, 그리고 총각이 결혼하지 않았다는 것을 단지 '총각'이라는 단어의 의미를 생각함으로써 알 수 있듯이 말이야.

웨이롭   그렇다네.

밀 러   그렇다면 당신 말이 맞아. 만약 어디서든 우리가 같은 신체를 갖는 경우 같은 영혼을 갖는다는 것이 '같은 신체'라는 의미의 일부분이라면, 그것은 현세에서는 물론 내세에서도 보편적으로 성립하여야만 하지. 그렇지만 나는 그 원리가 현세에서의 관찰을 통해 아는 일반화이며, 그것이 내세까지 자동적으로 확장될 필요는 없다고 주장할 뿐이야.

웨이롭   그런데 그 원리는 어디서 나온 건가? 그 원리는 단순히 같은 신체를 마주함과 같은 영혼을 마주함 사이의 상관관계와 다르지 않아. 그러한 상관관계를 확립하기 위해서는 우선, 영혼의 같음을 판단할 어떤 **다른** 방법을 우리가 분명히 가지고 있어야만 해. 당신은 그러한 방법을 가지고 있지 않아. 당신의 원리는 근거가 없어. 지금 당신 앞에 있는 사람이, 도르시스에서 점심을 함께 한 바로 같은 사람인, 그레천 웨이롭이라는 것을 진정으로 알지 못하거나, 혹은 당신이 알고 있는 것은 어떤 비물질적인 영혼의 같음과는 아무 상관이 없어.

밀 러 잠시만, 잠시만. 당신이 그와 같이 논변들을 내뱉기 시작하면 내가 따라갈 수 없다는 것을 당신도 알지 않나. 지금 내가 범한 것으로 간주되는 엄청난 오류가 뭔가?

웨이롭 미안해. 내가 흥분했어. 자, 화해의 선물로 여기 데이브가 가지고 온 초콜릿들 중 하나를 먹어 봐.

밀 러 아주 맛있군. 고마워.

웨이롭 당신은 왜 그 초콜릿을 골랐나?

밀 러 왜냐하면 그것이 캐러멜이라는 것을 보여 주는 어떤 소용돌이 모양이 초콜릿 윗부분에 있었기 때문이야.

웨이롭 그건 어떤 특정 소용돌이 모양이 특정 종류의 초콜릿 속 내용물과 상호 관련되어 있다는 말이군. 그 소용돌이 모양은 캐러멜, 장미꽃 모양은 오렌지 등으로 말이야.

밀 러 그렇지. 그런 식으로 말해 주니, 비슷한 점이 있다는 건 알겠어. 나는 이번의 소용돌이 모양 초콜릿의 속이, 지난번에 마지막으로 먹은 같은 소용돌이 모양의 초콜릿 속과 같을 것이라고 판단했어. 마찬가지로, 내가 지금 대화를 나누고 있는 영혼이, 지난번에 그 신체와 마주 앉아 대화를 나누었던 그 마지막 영혼과 같은 것이라고 판단해. 우리는 외관을 보고 무엇이 안에 있는지를 추론하지.

웨이롭 그렇다면 당신은 어떻게 그 소용돌이 모양이 안에 들어 있는 캐러멜과 그렇게 연관되어 있다는 것을 알게 되었지?

밀 러 어떻게 알게 되었냐 하면, 수년 동안 그런 것들을 아주 많이 먹어 봐서 그렇지. 매번 내가 그 소용돌이 모양의 초콜릿을 베어 물었을 때마다, 그것은 캐러멜로 차 있었어.

웨이롭   만약 당신이 그 초콜릿을 한 번도 베어 물지 못했고 다른 사람이 그것을 깨물었을 때 무슨 일이 발생했는지 결코 보지 못했다면 그 연관 관계를 확립할 수 있었을까? 당신은 '같은 소용돌이 모양에 같은 속'이라는 그 가설을 한 번 세워볼 수는 있겠지. 하지만 당신이 그 가설을 확립할 수 있었을까?

밀 러   그럴 수 있었을 것 같지 않은데.

웨이롭   그러니까, 이 특수한 경우에, 소용돌이 모양의 동일성으로부터 초콜릿 속의 동일성으로의 당신의 추론은 근거가 없지 않나?

밀 러   그래, 그렇겠군. 무슨 말을 하려는지 알겠어.

웨이롭   당신이 이해할 줄 알았어. 왜냐하면 당신은 결코, 말하자면, 내 영혼을 깨물어 볼 수도, 보거나 만질 수도 없기 때문에, 신체의 같음이 자아의 동일함을 의미한다는 당신의 가설을 시험할 방법이 전혀 없어.

밀 러 아마 당신이 옳다고 말해야 하겠지. 하지만 이제는 잘 모르겠어. 이 모든 논의로부터 귀결되는 게 뭔가?

웨이롭 만약, 당신의 주장처럼, 개인의 동일성이 비물질적이고 관찰할 수 없는 영혼들의 동일성에 있다면, 친구를 환대하거나 귀찮은 사람을 피할 때마다 우리가 매일 내리는 개인의 동일성에 관한 판단들은 정말로 그러한 영혼들에 관한 판단이야.

밀 러 그렇지.

웨이롭 그런데 만약 그런 판단들이 정말로 영혼들에 관한 판단이라면, 그것들은 모두 사실무근이고 근거가 없어. 왜냐하면 우리는 영혼의 같음을 관찰할 어떤 직접적인 방법이 없고, 그래서 초콜릿의 예에서 주장했듯이, 어떤 간접적인 방법도 없어.

밀 러 그런 것 같군.

웨이롭 하지만 사람들에 대한 우리의 판단들이 모두 근거가 없고 어리석은 것은 아닐 테지. 그러니 우리는 결국 비물질적인 영혼들에 대한 판단을 하는 것이 아닐 거야.

밀 러 당신 추론이 어떤 면에서는 그럴듯하군. 하지만 내 입장을 옹호하는 내 논변에 문제가 있지, 그 입장 자체에는 문제가 없다는 의심이 드네. 이봐, 결국에는 상관관계의 가설을 시험할 방법이 **있다**네. 이 방에 들어섰을 때, 나는 당신이 예전에 그랬듯이, 논쟁을 좋아하고 회의적인 반응을 보일 것이라고 생각했어. 이 신체를 가진 사람이 완전히 다르게 반응했다면 아마도 내가 그 사람은 당신이 아니라고 결론지어야 했었을 거야. 예를 들어, 그녀가 여섯 시 뉴스에 나갈 수 없는 것을 불평하고, 해리 리즈너를 그리워했다면, 나는 그 사람이 당신이 아니라 바버라 월터스라고 설득당했을지도 몰라. 심리적 특성들 즉, 사람의 태도, 믿음, 기억, 편견 같은 것들의 비슷함은 관찰할 수 있어. 이들은 한편으로는 신체의 동일성과 상호 관련되고, 다른 한편으로

44

는 물론 영혼의 동일성과도 상호 관련되지. 그래서 신체와 영혼 간의 상관관계는 결국 이 매개 고리에 의해 확립될 수 있어.

웨이롭 당신은 그것을 어떻게 알지?

밀 러 뭘 말이야?

웨이롭 심리적인 특성이 같으면 영혼도 같다는 것 말이야.

밀 러 글쎄, 지금 당신은 정말로 어리석구만. 영혼이나 마음은 바로 사람의 성격, 기억, 믿음의 근원이 되는 거야. 사람의 키, 몸무게, 그리고 생김새 등이 신체의 측면이듯이, 이것들이 마음의 측면이야.

웨이롭 논의를 위해서 믿음, 성격, 기억 등이 마음의 상태라고 인정해 보겠네. 즉 사람이 생각하고 느끼는 것이 당시 그 사람의 마음의 상태 때문이라는 것을 내가 인정한다고 가정하지. 그리고 비록 내가 가장 의심스러워하는 바이지만, 마음이 비물질적이라는 것까지도 인정해 보지. 하지만 이러한 특색이 비슷하다는 것이 마음이나 영혼의 동일성을 요구한다거나, 아주 적은 정도라도 그 동일성에 대한 증거가 될 수 있다는 것이 어떻게 귀결되는지 나는 이해하지 못하겠어.

내 요점을 유비를 통해 설명해 보지. 만약 우리가 이 방에서 걸어 나가서, 방앗간을 지나쳐 내려가 윌버로 향한다면, 무엇을 보게 될까?

밀 러 무엇보다도, 블루 강에 도달하게 되겠지.

웨이롭 그러면 당신은 그것이 블루 강인지 어떻게 알 수 있지? 내 말은, 물론 당신이 여기를 떠나면, 플랫 강이나 나이어브래라 강에 우연히 도달하게 되리라고 말하는 것은 아니야. 하지만 당신이 실제로 길을 잃고 헤매다가, 강물의 흐름을 부분적으로 막고 있는 오래된 댐에서 블루 강과 마주하게 되었다고 가정해 봐. 당신은 그 강을 알아볼 수 있을까?

밀 러 알아볼 수 있어, 나는 강의 그 부분을 보자마자 내가 어디 있었는지를 다시 알 수 있을 거라고 확신해.

웨이롭   그러니까 당신은 그것을 어떻게 알아본다는 거야?

밀 러   글쎄, 불어난 갈색 물빛과 완만한 물의 흐름, 떠밀려와 강둑에 쌓인 오물 같은 것을 보고 알겠지.

웨이롭   한마디로 말하자면, 당신이 그 강을 봤을 때 그 강을 구성하는 물의 상태들 때문이라는 거군.

밀 러   그렇지.

웨이롭   만약 당신이 배스가 헤엄치는 푸르고 깨끗한 물을 보았다면, 그것이 블루 강이 아니라는 것을 알았겠지?

밀 러   물론이지.

웨이롭   그러니까 당신은 블루 강을 볼 때마다, 그 강을 구성하고 있는 물이 때로는 조금 더 더럽기도 해서 항상 아주 똑같지는 않더라도, 대체로 비슷한 상태인 걸 기대하는군.

밀 러   그렇지. 그런데 이걸로 뭘 하려는 건가?

웨이롭   당신이 블루 강을 볼 때마다, 그 강은 **다른** 물로 이루어져 있네. 한 달 전에 그 강에 있던 물은 아마 지금쯤 터틀 크릭 저수지나 미시시피 강이나 멕시코 만에 있을 거야. 따라서 당신이 강이 같다고 판단하는 근거로 삼는 물 상태들의 **비슷함**은 그러한 여러 시간들에서 그러한 상태들에 있었던 물의 **동일성**을 요구하지는 않아.

밀 러   그래서?

웨이롭   그러니까 마음 상태가 비슷하다는 것을 근거로 개인의 동일성에 대해 판단한다는 이유만으로는, 마음이나 영혼이 각각의 경우에 같다는 것이 따라 나오는 건 아니야. 내 요지는 이거야. 당신이 내 몸에 깃들어 있다고 생각하는 비물질적인 영혼이 날마다, 매 시간마다, 매 분마다 심리학적으로 비슷한 다른 영혼에 의해 대체될 수도 있다는 거지. 영혼을 보거나 만질 수 없는데, 당신이 어떻게 알 수 있겠어?

밀 러   지금 내가 정말로 당신이 누구인지 모른다고 말하는
          건가?

웨이롭   천만에. **당신**은 개인의 동일성이 이 비물질적인, 관찰
          불가능한, 보이지 않고, 만질 수도 없는 영혼의 같음에
          있다고 말하는 사람이야. 나는 **만약** 정말로 그러한 것
          들에 영혼이 있다면, 당신은 내가 누구인지 알지 못할
          것이라는 점을 단지 지적하고 있어. 신체가 같다는 것
          이 사람이 같다는 것을 필연적으로 의미하지는 않아.
          심리적 특성이 같다는 것이 사람이 같다는 것을 필연
          적으로 의미하지도 않아. 내가 말하려는 것은 만약 당
          신이 내가 누구인지를 안다면, 개인의 동일성이 비물
          질적인 영혼의 같음에 있다는 당신의 주장은 잘못이라
          는 거야.

밀 러   알겠어. 하지만 잠시 기다려줘. 내 문제는 내 이론의
          주된 주장을 단순히 까먹은 것이라고 생각해. 상관관
          계는 내 자신의 경우에는 확립될 수 있어. 나는 내 영혼
          이 내 신체와 아주 밀접하게 그리고 시종일관 함께 발
          견된다는 것을 알고 있어. 이 한 경우로부터, 적어도

이 세계에서의 삶에 관해서는, 신체가 같다는 것이 영혼이 같다는 것에 대한 믿을 만한 표시라고 일반화할 수 있어. 이것은, 죽음에 이를 때, 특정한 영혼과 그것이 연결되어 있던 특정한 신체 사이의 고리가 끊어지는 거라고 여기는 것을 내가 납득할 만하게 해 주지.

웨이롭 이건 아주 대단한 추정이로군, 그렇지 않아? 직접적으로 관찰된 한 경우로부터, 오직 신체만이 관찰되는 수십억 경우를 추정하다니. 지금 지구에 살고 있는 모든 사람들은 물론 이미 왔다 간 사람들 모두에 대해서도 '한 신체, 한 영혼'이라는 원리가 유효하다고 우리가 습관적으로 가정한다는 것을 나도 인정하네.

밀 러 그것이 넘을 수 없는 장애물 같아 보이지는 않아. 왜냐하면 내 경우에 특별한 점이 없으니까, 다르다고 믿을 어떤 이유가 주어지지 않는 한, 내 경우에서 내가 발견한 배열이 보편적으로 적용된다고 가정해. 그리고 나는 다르다고 믿을 어떤 이유도 결코 보지 못했어.

웨이롭 그건 그냥 넘어가도록 하지. 다른 좀 더 심각한 문제가 있어. 당신 자신의 경우에 본인의 신체에 그렇게 시종일관 연결된 단 하나의 영혼이 있다는 것을 당신은 어떻게 아는가?

밀 러 정말로 진지하지 못하군, 그레천. 어떻게 지금의 내가 과거의 나와 같은 사람이라는 것을 내가 의심할 수 있지? 이보다 더 명석판명하고, 더 의심할 수 없는 게 뭐가 있어? 당신이 매 순간 지속되는 나 자신의 존재를 부정할 수 있을 때, 내가 당신에게 무엇인가를 증명해 주기를 어떻게 기대할 수 있지? 자신이 동일하다는 것을 알지 못하면, 우리가 생각하고 행동하는 모든 것은 무의미하네. 만약 내 생각을 시작한 사람이 그 생각을 끝낸 사람이라는 것을 가정하지 않는다면, 내가 어떻게 생각을 할 수 있겠어? 내가 행동을 할 때, 그런 의도를 형성한 사람이 그 행위를 수행한 바로 그 사람이라는 것을 가정하지 않나?

웨이롭 나는 당신이 태어난 이후로 당신 몸에 오직 한 **사람**이 연결되어 있었다는 것을 인정해. 문제는 하나의 비물질적인 영혼이 그렇게 연결되어 왔느냐 하는 것이지.

더 정확히 하자면, 당신이 그걸 알 수 있는 위치에 있느냐는 것이야. 당신은 한 명의 같은 사람이 이 모든 세월 동안 당신의 신체를 점유해 왔다는 판단이 하나의 같은 비물질적 영혼이 그 신체에 깃들어 왔다는 판단과 같은 판단이라고 믿고 있어. 내가 말하려는 것은 영혼에 관한 그러한 판단이 전적으로 불가해하다는 것과, 만약 사람의 같음에 대한 우리의 앎이 비물질적인 영혼의 같음에 대한 앎으로 이루어진다면, 그것 역시 전적으로 불가해하다는 것이지. 당신도 인정하듯이, 사람의 같음에 대한 우리의 앎은 불가해하지 않고, 아마도 우리가 가지고 있는 가장 안전한 지식이며, 모든 이성과 행동의 근원이라는 것을 지적하는 것은 바로, 사람의 같음에 대한 우리의 앎이 비물질적인 영혼의 동일성에 대한 앎으로 이루어질 수 없다는 것을 명백히 보여 주지.

밀 러 당신은 단 하나의 영혼이 내 신체에 이 오랜 세월 동안 깃들어 있었다는 내 판단이 불가해하다고 단순히 주장만 했을 뿐, 그것을 확립하지는 못했어.

웨이롭 그렇다면 다음의 가능성들을 고려해 봐. 첫 번째 가능성은 단 하나의 영혼이 태어난 이후로 죽 내가 내 몸이라고 부르는 이 신체와 함께해 왔다는 것이야. 다른 한 가능성은 하나의 영혼이 5년 전까지 이 신체와 함께해 왔고, 그러고 나서 과거의 모든 기억과 믿음을 물려받은, 심리적으로 유사한, 다른 한 영혼이 대신해 온 거야. 세 번째 가설은 매 5년마다 새로운 영혼이 대신하는 거지. 네 번째 가설은 매 5분마다 새로운 영혼이 대신하는 거야. 가장 극단적인 것은 블루 강을 따라 흘러내리는 물 분자들의 끊임없는 흐름이 있듯이, 이 신체를 통하는 이전의 영혼과 심리적으로 유사한 영혼들의 끊임없는 흐름이 있다는 가설이네. '한 영혼 가설'인 첫 번째 가설이 참이고, 다른 가설들이 거짓이라는 증거를 내가 가지고 있나? 현재의 내가 5분 전의 혹은 5년 전의 나와 같은 사람이기 때문에? 하지만 질문의 요지는 전혀 의심스럽지 않은 사람의 같음으로부터, 영혼의 같음을 우리가 단순히 추론할 수 있는가 하는 거야. 신체의 같음 때문에? 하지만 영혼과 신체 사이의 안정된 관계를 내가 어떻게 확립할 수 있겠나? 생각들과 감각들이 같기 때문에? 하지만 그것들은 끊임없이 흐르고 있어. 이 경우의 본성상, 만약 영혼이 관찰될 수 없다면, 영혼은 같다고 관찰될 수도 없어. 정말로 '같은 영혼'이라는 표현에는 어떤 의미도 부여되지 않았어. 어떤 의미도 그 표현에는 붙을 수 없어! 사람들은 한 영혼이 무엇처럼 보이고 무엇처럼 느껴지는지, 다른 여러 시간에서 한 영혼을 마주하는 것이, 여러 다른 영혼을 마주하는 것과 어떻게 다른지를 말할 수 있어야 해. 하지만 당신의 개념에 따르면 영혼이 **어떤 것**처럼 보이거나 느껴지지 않기 때문에, 이런 것들은 거의 말해질 수 없어. 그래서 당연히 '영혼들'은 동일성의 원칙도 제공할 수 없어. 그러니까 영혼들은 지금의 내 존재와 내세에서의 내 존재 사이의 격차를 잇는 다리가 될 수 없어.

밀 러 당신은 자기 영혼의 존재를 의심하는 거야?

웨이롭 나는 당신이 기술하는 종류의 비물질적인 영혼들이 없다는 것에 내 논변의 근거를 두는 것이 아니라, 단지 비물질적인 영혼들은 개인의 동일성에 관한 질문들에, 그래서 개인의 살아남음에 관한 질문들과 전적으로 무

관하다는 데 근거를 두는 거야. 나는 정말로 당신이 호소하는 종류의 비물질적인 영혼들이 존재하는지가 아주 의심스러워. 우리가 **같은** 영혼이라는 개념을 갖지 않는다면, 한 영혼이라는 개념을 가질 수 있을까? 하지만 이것이 내가 내 존재를 의심하는 걸 뜻한다고 당신이 생각하지 않았으면 해. 나는 과체중으로 의식이 있으며, 여기 누워 있다고 생각해. 나는 당신이 단지 내 외관만이 아니라 나를 볼 수 있다고 생각해. 왜냐하면 나는 내가 단지 살아 있는 인간 신체라고 생각하기 때문이지. 하지만 이것이 내 논변의 근거는 아니야. 당신에게 그런 영혼들이 있다고 인정해 주겠어. 나는 단지 영혼들이 그 본성에 의해서 개인의 동일성에 대한 원리를 제공해 줄 수 없다는 것은 유지하겠네.

밀 러 그것에 답하지 못한다는 걸 인정해. 비록 내가 당신에게 어떤 여흥을 제공했을지는 모르지만, 위안을 주지 못해서 염려돼. 에머슨이 말하길 사람이 철학을 조금 하면 종교를 멀리하게 되지만, 보다 깊은 이해는 사람을 종교로 되돌아오게 한다고 했어. 나는 당신처럼 철학에 대해 오래 그리고 열심히 생각해 온 사람을 보지 못했어. 그것이 당신을 종교적인 사고의 틀로 다시 돌려놓지는 않을까?

웨이롭   내 전 남편은 사람이 철학을 조금 하면 종교를 멀리하게 되지만, 철학을 더 하게 되면 골치만 아프게 된다고 말하곤 했지. 아마도 그가 에머슨보다는 진리에 가까운 것 같군.

밀 러   아마 그럴지도 모르지. 하지만 내일 밤에는 내가 좀 더 좋은 논변을 가지고 올지도 몰라.

웨이롭   내가 그것을 듣기까지 살아 있었으면 좋겠어.

*A Dialogue
on Personal Identity
and Immortality*

웨이롭   샘, 어서 오게. 비물질적인 영혼들의 동일성이 이치에
        닿을 수 있는 방법을 알아내었나?

밀 러   아니, 그런 미심쩍은 개념에 근거해서 내 논변을 구성
        한 것이 실수라고 판단했어.

웨이롭   그렇다면 살아남는다는 걸 포기한다는 거야? 성직자
        로서 살아가기에 그런 입장은 어려울 거라 생각되는
        데. 당신을 그렇게까지 밀어붙여서 미안한 마음이 드
        는군.

밀 러 염려하지 마. 나는 어느 때보다 더 확신에 차 있어. 나는 어젯밤 늦게까지 생각하고 읽느라 깨어 있었고, 이제는 당신을 설득할 자신이 있어.

웨이롭 시작해 봐, 시간이 얼마 남지 않았어.

밀 러 우선, 사후에 살아남음을 옹호하려는 내 바람과는 상관없이, 개인의 동일성이 단지 신체의 동일성이라는 당신의 견해가 만족스럽지 않아. 내 논변은 개인의 동일성이 비물질적인 영혼의 동일성일 수 없다고 나를 설득하기 위해 당신이 사용한 논변과 아주 비슷해.

한 사람이 내일 아침 일어나서, 의식은 있으나 아직 눈을 떠서 주위를 둘러보지 않은 상태, 말하자면, 공식적으로 새로운 하루를 시작하지 않은 상태라고 가정해 보자고.

웨이롭 그런 상태는 아주 익숙하군. 받아들이겠어.

밀 러 그럼 그러한 사람은 자신이 누구인지 말할 수 없을까? 다시 말해, 그녀가 눈을 떠서 주위를 둘러보기 전이라도, 특히 자신의 몸을 보거나 그 몸에 대한 어떠한 판단을 하기 이전이라도, 자신이 누구라고 말할 수는 없을까? 분명히 우리 대부분은, 아침에 눈을 떠서 자신의 몸을 인지하기 이전에 이미 우리가 누구인지 알고 있어, 그렇지 않아?

웨이롭 그 점은 당신이 옳아 보이는군.

밀 러 이 사람이 내리는 이와 같은 판단은 ― 그녀가 "나는 그레천 웨이롭이다"라고 판단한다고 가정하세 ― 개인의 동일성에 대한 판단이네. 그녀가 "나는 샘 밀러와 어젯밤 논쟁을 한 바로 그 사람이다"라고 스스로에게 말한다고 가정해 보세. 이것은 분명히 지난밤 살아 있었던 누군가와 그녀를 동일시하는 진술이네. 그리고 그녀는 자신의 신체를 전혀 살펴보지 않고서도 이러한 판단을 할 수 있어. 당신도 오늘 아침에 눈을 뜨기 이전에 바로 이러한 판단을 내렸을 거야.

웨이롭 글쎄, 사실 나도 그런 판단을 내렸어. 지난밤에 우리가 나눈 대화를 기억했고, "나에게 위안을 주려는 샘 밀러를 그렇게 힘들게 했던 바로 그 무례한 사람이 나란 말인가?"라고 자신에게 물었네. 물론 내 대답은 내가 그 사람일 수 있을 뿐만 아니라 내가 바로 그 무례한 사람이라는 것이었어.

밀 러   그렇다면 당신이 지난밤에 사용한 것과 같은 원리로 개인의 동일성은 신체적 동일성일 수 없어. 당신은 우리가 개인의 동일성에 관해 판단할 때 비물질적 영혼의 동일성에 관해 판단하는 것이 아니므로, 개인의 동일성은 비물질적 영혼의 동일성일 수는 없다고 말했지. 하지만 같은 근거에 의해서, 내가 예로 보였듯이, 우리가 개인의 동일성에 관해 판단할 때 우리가 신체적 동일성에 관해 판단하는 것은 아니야. 왜냐하면 우리는 신체에 관해 어떤 판단도 내리지 않고서도, 우리가 누구인지, 그리고 우리가 이런저런 일을 한 바로 그 사람이란 걸 판단할 수 있기 때문이지. 따라서 개인의 동일성은, 비물질적인 영혼의 동일성으로 이루어져 있지 않을 수도 있지만, 또한 물질적 신체의 동일성에 있는 것도 아니야.

웨이롭 나는 당신이 기억하고 있는 바와 같이 주장했었어. 하지만 나는 또한 비물질적이고 관찰 불가능하고 공간을 점유하지 않는 영혼의 동일성이라는 개념이 전혀 이치에 맞지 않는다고도 말했어. 이것이 개인의 동일성에 관해 판단할 때, 우리가 판단하는 대상이 될 수 없는 한 가지 이유야. 그러나 신체적 동일성은 적어도 이치에 맞네. 아마도 우리는 보지 않고서도, 신체가 같다고 가정하는지도 몰라.

밀 러 알겠네. 하지만 우리가 우리 자신의 경우에 개인의 동일성을 판단하기 위해 신체의 동일성에 대한 판단을 하는 것이 실제로 필요하지 않다는 것을 당신도 인정하겠지?

웨이롭 내가 그걸 인정할 수 있을 것 같지 않지만, 그 문제는 그냥 넘어가도록 하지. 그래야 우리가 논의를 진행할 수 있을 테니까 말이야.

밀 러 좋아. 이제 우리는 아침에 깨어나서 예전에 가지고 있던 신체가 아닌 **다른** 신체를 하고 있음을 발견하는 것도 상상해 볼 수 있을 것 같은데. 내가 묘사했던 그대로 당신을 상상해 봐. 그리고 이제 당신이 마침내 눈을 떠서 수년간 그렇게 익숙하게 자라온 당신의 그 신체가 아니라 근본적으로 다른 모양과 크기의 신체를 보게 되었다고 가정해 봐.

웨이롭   글쎄, 내가 아주 오랜 시간동안 잠들어 있어서 몸무게가 많이 줄었다고 가정해야겠어. 아마도 일 년 정도 혼수상태에 빠져 있었다고 말이야.

밀 러   하지만 그 신체가 당신의 예전 신체가 전혀 아닌 경우도 적어도 상상 가능하지 않나? 나는 완전히 새로운 신체를 가지고 깨어나는 것을 상상할 수 있을 것 같은데.

웨이롭   그러면 당신은 그것이 어떻게 일어났다고 상상할 수 있지?

밀 러   그건 논점을 벗어나는 거야. 나는 이러한 일이 어떻게 일어나는지의 과정을 상상할 수 있다고 말하는 게 아니야. 나는 그러한 상황이 나에게 일어나는 걸 상상할 수 있다고 말하는 거야. 카프카의 《변신》에서, 어떤 사람이 깨어나니 바퀴벌레가 되어 있었어. 나는 어떻게 이런 일이 나에게나 누군가에게 일어날 수 있을지는 알 수 없어. 하지만 나는 바퀴벌레의 신체를 가지고 깨어나는 걸 상상할 수 있어. 그런 일이 일어난다는 걸 믿기 어렵다는 것을 부정하는 건 아니야. 나는 단지 그걸 경험하는 걸 상상할 수 있다는 것뿐이야. 이게 모순되거나 비정합적으로 보이진 않아. 단지 실제로 일어날 것 같지 않고 설명할 수 없을 뿐이야.

웨이롭 그래서, 만약 내가 그걸 상상할 수 있다고 인정하면, 다음은 어떻게 되는데?

밀 러 글쎄, 내 생각에는 개인의 동일성이 단지 신체적 동일성에 불과하지는 않다는 결과가 나오는 것 같은데. 왜냐하면 내가 아주 새로운 신체를 가지고 있다는 것을 알았다고 해서, 내가 예전의 바로 그 사람이 아니라고 결론 내리지는 않을 것 같아. 비록 내가 같은 **신체**를 가지고 있지는 않지만, 나는 같은 **사람**일 거야. 그래서 우리는 신체의 동일성은 아니지만 개인의 동일성은 유지

하는 거지. 따라서 개인의 동일성은 단지 신체적 동일
성에 불과할 순 없어.

웨이롭 글쎄, 내가 이 모든 것을 인정한다고 가정해 보지. **가정**
이라는 걸 강조하고 싶어. 그러면 당신은 어떤 입장에
서 있지? 만약 내 신체가 아니고 내 비물질적 영혼도
아니라면, 내가 동일한 것으로 인식한 것이 무엇이라
고 주장하려나?

밀 러 나는 당신이 같다고 인식하는 것이, 관련된 사람 자체
를 제외하고는, 즉 당신 자신을 제외하고는, 아무것도
없다고 주장하는 거야.

웨이롭 당신이 말하려는 게 무엇인지 모르겠어.

밀 러 당신이 했듯이 블루 강의 예를 들어 보지. 내가 방문객
한 명을 오래된 방앗간 옆에 있는 강자락에 데리고 간
후에, 그를 차에 태우고 맨해튼으로 향했다고 가정해
보세. 한 시간 가까이 운전한 후에 우리는 강의 다른
구간을 보게 되었어. 내가 "이것이 우리가 아침에 본

것과 같은 강이야"라고 말하지. 당신이 어제 지적했듯이, 내가 이렇게 말하는 건 두 경우에 똑같은 물 분자들을 보았다는 뜻은 아니야. 게다가 장소도 다르고, 아마도 백 마일쯤 서로 떨어져 있을 거야. 그리고 모양과 색깔 그리고 오염 정도도 모두 다를 거야. 내가 그날 나중에 본 것과 그날 먼저 본 것 중에 동일한 게 뭐가 있나?

웨이롭 그 강 자체 외에는 아무것도 없지.

밀 러 정확히 그렇지. 하지만 이제 내가 본 것은, 엄밀하게 말하자면, 강 전체가 아니라 오직 강의 한 부분이라는 것에 유의해야 해. 나는 같은 강의 다른 부분을 다른 두 시간에 본 거야. 그래서 실제로는, 만약 우리가 내가 문자 그대로 본 것에 국한한다면, 나는 결코 동일성을 판단하는 것이 아니고, 다른 어떤 것을 판단하는 거야.

웨이롭 그럼 그게 도대체 뭔가?

밀 러 먼저 본 강과 나중에 본 강이 하나의 같은 강이라고 할 때, 나는 나중에 본 물의 한 자락과 먼저 본 물의 한 자락이 물의 다른 자락들에 의해서 연결된다는 것 이상을 뜻하는 걸까?

웨이롭 대체로 옳은 것 같군. 만약 물의 자락들이 그렇게 연결되어 있다면, 그들이 부분이 되는 오직 하나의 강만이 존재하는 거니까.

밀 러 그래, 그것이 바로 내가 뜻하는 바야. "이 강이 우리가 그 아침에 본 것과 같은 강이다"라는 동일성 진술은, 어떤 의미로는 강에 관한 것이지. 하지만 한편으로는 그것은 또한 물의 자락들 혹은 강의 부분들에 관한 진술이야.

웨이롭 그렇다면 이 모든 것들은 특별히 강에만 해당되는 것일까?

밀 러 전혀 그렇지 않아. 이런 패턴이 되풀이되는 거지. 결국 우리는 시간과 공간상에 연장되어 있는 대상들을 지속적으로 다루고 있어. 하지만 우리는 대상의 전체는 거의 알지 못하고, 오직 그들의 부분들만을 혹은 그들 이력의 자락만을 알곤 하지. 동일성의 진술이 단지 "이 침대는 이 침대이다"와 같이, 사소한 어떤 것이 아닐 경우에는, 그것은 보통 실제로 동일성의 진술을 할 때 우리가 다른 부분들이 어떤 적절한 유형으로 함께 어울려 어떤 전체를 이룬다고 판단하기 때문이야.

웨이롭 아직 당신이 뜻하는 바를 잘 모르겠어.

밀 러 내가 다른 예를 하나 더 들어 보지. 우리가 같이 앉아서 더블-헤더(하루에 잇따라 열리는 연속 경기 — 옮긴이)의 첫 경기를 보고 있다고 가정해 봐. 당신이 내게, "이 경기가 이 경기와 동일한 게임이야?"라고 묻는다고 해 보자고. 엄밀히 말하자면 그 질문은 비록 이치에 맞고 대답은 "그렇다네"이지만, 이건 아주 어리석은 질문일 거야.

하지만 이제 당신이 핫도그를 사기 위해 6회에 자리를 떴다고 가정해 봐. 시간이 오래 걸려서 대략 45분쯤 뒤에 돌아왔어. 당신은 "이 경기가 내가 보던 그 경기야?"라고 물어. 이러면 당신의 질문은 어리석지 않고, 아주 적절한 질문이야.

웨이롭 왜냐하면 내가 돌아왔을 때, 첫 번째 경기가 아직 진행 중일 수도 있고 그 경기가 끝나고 두 번째 경기가 시작되었을 수도 있기 때문이지.

밀 러 바로 그거야. 그것은 그 경기의 다른 부분들이 즉, 다른 회나 적어도 다른 플레이들이 어떻게든 당신의 질문에 관련되어 있다고 말하는 거야. 그것이 당신의 질문이 어리석거나 사소하지도 않고 의미 있는 이유야.

웨이롭 그래서 당신은 강이든 야구 경기든 무엇이든 간에 특정 대상의 동일성에 관한 판단은 어떤 일정한 방식으로 연관된 그러한 것들의 부분들에 관한 판단과 관련되어 있고, 다른 부분들이 관련되어 있을 경우에만 의미가 있다고 생각하는 거지. 이것이 당신의 요지인가?

밀 러 그렇지, 그리고 그것이 중요하다고 생각해. 우리가 야구 경기의 동일성에 관해 질문할 때, 같은 경기여야 하는 게임 전체로서의 게임이 아닌 다른 **어떤** 것을 기대한다면, 얼마나 어리석겠나? 비록 다른 선수들이 뛰고 있다고 해도, 그건 같은 경기일 수 있어. 설령 다른 운동장으로 옮겨졌다고 해도, 그건 같은 경기일 수 있지. 이 다른 것들은, 즉 회, 플레이, 선수, 운동장은 그 경기가 같은 경기이기 위해서 다른 시간에서도 같을 필요가 없어. 그것들은 우리가 한 경기라고 부르는 이 복합적인 전체를 이루기 위해서 일정한 방식으로 단지 연관되어 있기만 하면 되는 거야.

웨이롭 당신은 우리가 개인의 동일성에 대해 관련된 것이 영혼의 동일성인지 신체의 동일성인지를 묻는다면 헛된 시도를 하는 거라고 생각하는 거지?

밀 러 그렇지. 내가 지금 하려는 대답은 둘 다 아니라는 거야. 우리는 사람의 동일성에 대해 궁금해 하지. 물론 우리가 '영혼'이란 말로 바로 '사람'을 의미한다면, 아무 문제가 없을 거야. 하지만 만약 우리가, 내가 어제 그랬던 것처럼, 그 동일성이 사람이 아닌 다른 어떤 것을, 즉 사람이 같으면 같은 어떤 것으로 이미 이해한 그러한 것을 의미한다면 우리는 말장난을 하고 있네.

웨이롭 강과 야구 경기에 대해서는, 그것들이 일정한 방식으로 연관된 부분들로 이루어진다는 것을 이해하겠어. 물론 관련된 '부분'의 종류가 다르듯이, 이 두 경우의 연결 관계도 다르겠지. 강의 부분들은 연속적인 전체를 이루기 위해서 강의 다른 부분들과 물리적으로 연결되어야 할 거야. 야구의 회들은 점수, 타석 순서와 같은 것들이 이전 회에서 다른 회로 규칙에 따라서 넘어가도록 연결되어 있어야 할 거야. 우리가 사람에 대해서도 유사하다고 말할 수 있는 게 있나?

밀　러 이런 것에 관심 있는 저자들은 '사람-단계들'이라는 용어를 쓰지. 그것은 당신과 내가 지금 의식하고 있는 것과 같은 단지 의식의 한 자락이지. 나는 내 것인 생각과 감정의 한 흐름을 의식하고 있고, 당신은 당신의 의 것을 의식하고 있어. 사람은 단지, 내가 어제 생각했던 것처럼 의식 자락들의 밑받침이 되는 어떤 실체들도 아니고, 어제 아마도 당신이 생각했던 것처럼 의식 줄기들이 발생하는 신체도 아니야. 그런 자락들을 부분으로 해서 구성되는 전체인거야. 이것이 오늘 내가 옹호하고자 하는 사람의 개념이네.

웨이롭   그렇다면 당신은, 내가 깨어서 나 자신에게, "내가 어젯밤 샘 밀러에게 그토록 무례하게 굴었던 바로 그 사람이다"라고 말할 때, 내가 지금 의식하고 있는 의식의 어떤 자락과, 내가 의식하고 있었던 것으로 기억하는 이전의 의식 자락이, 어떤 적절한 종류의 단일한 전체를 다시 말해, 의식의 한 단일한 흐름을 형성하는 것으로 판단한다고 말하는 거군.

밀   러   그래, 정확히 그렇다네. 당신은 같은 비물질적 영혼이 관련되었는지, 혹은 심지어 그것이 이치에 맞는지조차 걱정할 필요가 없어. 또한 당신은 심지어 눈을 떠서 살펴볼 필요도 없기 때문에 당신이 실제로도 하지 않듯이, 같은 신체가 관련되어 있는지에 대해서도 걱정할 필요가 없네. 말하자면, 동일성은 사람-단계들의 밑에 있는 어떤 것이 아니고, 사람-단계들이 붙어 있는 어떤 것에 있지도 않아. 동일성은 사람-단계들로부터 당신이 구성하는 어떤 것이지.

      이제 당신도 명백하게 볼 수 있듯이, 우리가 일단 이러한 개인의 동일성에 관한 개념을 받아들이면 살아남음이란 전혀 문제가 되지 않네. 당신이 가정할 필요가 있는 모든 것은, 내세에 어떤 의식하는 존재가 있고, 그녀를 구성하는 사람-단계들이 지금의 당신을 구성하는 사람-단계들과 적절한 관계에 있어서, 그 단계들이 당신이라는 한 전체의 부분들이라는 것뿐이야. 만약 그렇다면, 당신은 살아남은 거지. 그렇다면 당신은 이제 살아남음이 적어도 가능하다는 것을 받아들이겠어?

웨이롭　잠시만, 잠시만. 나에게 위안을 주는 것이 그렇게 쉽지는 않아. 당신은 이러한 사람-단계들이 혹은 의식의 자락들이 적절한 방식으로 관련되는 것이 가능하다는 것을 보여 주어야만 해. 그리고 그렇게 하려면, 그러한 방법이 무엇인지 내게 말해야 하지 않나?

밀　러　그래, 물론이지. 그건 내 능력을 넘어서는 것이었어. 이 점에 있어서 내가 읽은 것이 특히 도움이 되었어. 《인간 오성론》의 한 장에서 로크는 바로 이 질문을 다루었네. 로크는 두 사람-단계들 간의 혹은 그것들을 단일한 사람의 단계들이 되도록 하는 의식의 자락들 간의 관계는 단지 나중의 것이 이전의 것의 기억을 포함하는 것이라고 제안했네. 그가 분명히 이렇게 말한 것은 아니지만, 그는 "우리의 의식을 시간을 거슬러서 연장하기"라고 말했네. 하지만 그는 기억을 염두에 두는 것 같아.

웨이롭　그래서 내가 가졌다고 기억할 수 있는 것이라면 어떠한 과거의 생각이나 감정이나 의도나 욕망도 내 것이란 거야?

밀　러　그렇지. 나는 내 자신의 과거 생각과 감정만을 기억할 수 있고, 당신은 오직 당신 것들만을 기억할 수 있지. 물론 모든 사람이 이것을 기꺼이 받아들일 거야. 로크의 통찰은 이 관계를 단지 동일성의 결과가 아니라, 동일성의 근거로 삼은 거야. 과거에 의식이 있던 사람의 생각과 감정을 기억하는 것은 — 혹은 더 그럴듯하게는, 기억할 수 있다는 것은 — 바로 그 사람이 그 사람이게끔 하는 거야.

　이제 당신은 이것이 사후에 살아남는 가능성에 대한 문제를 해결한다는 것을 쉽게 알 수 있을 거야. 내가 말했듯이, 당신이 해야 할 일은 미래의 어느 시간에,

이 지구상도 아니고 당신의 현재 생각과 감정을 가지고 있지 않지만, 지금 우리가 하고 있는 바로 이 대화를 기억하는 누군가를 상상하는 것이면 돼. 이것은 다른 어떤 것의 같음을 요구하지 않아, 하지만 이것이 사람의 같음에 해당하는 거지. 그래, 이제는 당신도 이것을 받아들이겠지?

웨이롭 아니, 그러지 않겠어.

밀 러 그렇다면, 이제는 뭐가 문제인거야?

웨이롭 만약 내가 과거의 어떤 사람이 가졌던 생각과 감정을 가지고 있는 것으로 기억한다면, 내가 정말로 그 사람이라는 것을 받아들이겠어. 비록 내가 다른 사람들이 생각하는 것을 바라본 것을 기억할 수는 있지만, 만약 그것이 내 생각이 아니라 그들의 생각이라면, 그 생각까지 기억할 수 없어. 그런 일이 발생할 때 남의 것을 내가 경험할 수 없는 것과 마찬가지지. 이것이 로크의 생각의 핵심이고, 내가 이것을 부정할 수 있을 거라고는 생각하지 않아.

하지만 우리는 **실제로** 기억하는 것과 단지 기억하는 **것처럼 보이는** 것을 반드시 구분해야 해. 당신도 동의할 거라 믿어. 자신이 나폴레옹이라고 생각하는 많은 사람들이 워털루 전쟁에서 졌던 것을 기억한다고 주장하지. 우리는 그 사람들이 진지하고, 정말로 그것을 기억하고 있는 것 같다고 생각할 수 있어. 하지만 그들은 그 전쟁에 참여하지 않았고 나폴레옹도 아니기 때문에 그들이 실제로 그것을 기억하는 것은 아니야.

밀 러 물론 나도 우리가 실제로 기억하는 것과 단지 기억하는 것처럼 보이는 것을 구분해야 한다고 생각해.

웨이롭 그렇다면 어느 먼 지역에서 그리고 어떤 먼 훗날에 내가 지금 당신과 나누고 있는 이 대화를 기억하는 것처럼 보이는 어떤 사람이 있을 수 있다고 생각하는 것이 살아남을 수 있다는 기대가 주는 것과 같은 종류의 위안을 내게 줄 수 없다는 것을 당신도 받아들이리라 믿어. 단지 그녀가 내 경험을 기억하는 **것처럼 보인다는** 이유만으로, 내가 이 사람이 미래에 경험하는 것을 기대할 아무런 이유가 없어. 그런 망상에 사로잡혀 나인

척 하는 사람의 경험들은 내가 가지려고 기대할 수 있
는 경험들이 아니야.

밀 러 나도 인정해.

웨이롭 따라서 이 대화를 기억하는 것처럼 보이는 미래의 어
떤 사람이 존재할 단순한 가능성은 내가 살아남을 가
능성을 보여 주지 않아. 오직 이 대화를 — 혹은, 보다
정확하게는, 내가 지금 가지고 있는 경험들을 — 실제
로 기억하고 있는 어떤 사람이 존재할 가능성만이 내
가 살아남을 가능성을 보여 줘.

밀 러 물론이지. 그런데 당신의 목적이 뭔가? 어디에 문제가
있는 거지? 나는 망상에 사로잡힌 사람도 상상할 수 있
지만, 또한 실제로 당신이고 당신의 현재 생각들을 기
억하고 있는 사람도 상상할 수 있는걸.

웨이롭 하지만, 차이가 뭐야? 당신이 둘 중의 **누구를** 상상하고
있는지, 그리고 당신이 가능하다고 보여 준 게 **무엇인
지**, 당신은 어떻게 알 수 있지?

밀 러   글쎄, 나는 실제로 기억하는 사람을 단순히 상상했지, 그런 척하는 다른 사람을 상상한 게 아니야. 당신 논변이 뭘 말하려는지 모르겠어.

웨이롭   다른 예를 들어서 명확히 해 보겠네. 두 사람을 상상해 봐. 한 사람은 어떤 단어들을 말하고 어떤 생각들을 가지고서 당신과 이야기를 하고 있어. 다른 한 사람은 당신과 전혀 말하고 있지 않고, 옆방에서 최면에 걸려 있어. 최면술사는 그 사람에게 깨어나자마자 어떤 생각들을 해 왔고 나에게 어떤 단어들을 말했다고 기억하도록 최면을 걸지. 그가 언급한 생각들과 단어들은 첫 번째 사람이 실제로 생각하고 말한 바로 그 생각과 단어들이야. 무슨 상황인지 당신도 이해하겠지?

밀 러   그래. 계속해.

웨이롭   이제, 조만간, 두 사람 모두가 "나는 샘 밀러에게 ~라고 말한 것을 기억해"와 "나는 샘 밀러에게 말했던 그대로 생각했던 것을 기억해"로 시작하는 문장들을 말할 거야. 그리고 그들은 모두 같은 생각들과 같은 말들을 한 것으로 기억한다고 말하지. 그들 중 하나는 기억하는 거고 다른 하나는 단지 기억하는 것처럼 보이는 거야, 그렇지?

밀 러   물론이지.

웨이롭   그러면 누가 **실제로** 기억하는 거지?

밀 러   그야, 물론 방 안에서 나에게 말했던 바로 그 사람이지. 다른 한 사람은 단지 최면술사의 최면에 걸렸을 뿐이고 결코 나와 말한 것을 기억하는 게 아니야.

웨이롭   이제야 당신이 그들의 차이가 그들이 지금 생각하고 말하는 내용에 있지 않다는 것에 동의하는군.

밀 러   동의해. 차이는 과거의 생각과 말함에 어떻게 연관되어 있는가 하는 거지. 한 경우에는 기억의 관계가 성립되지만, 다른 한 경우에는 그런 관계가 없지.

웨이롭   하지만 그 둘 모두 **기억하고 있는 것처럼 보이니까**, 둘 다 기억이라는 조건들을 부분적으로는 만족시키는 거야. 따라서 하나는 만족시키되 다른 하나는 만족시키지 않는 어떤 추가의 조건이 있어야만 해. 내가 그 추가 조건이 뭔지를 당신이 말할 수 있도록 해 보겠어.

밀 러   글쎄, 이 방에 있으면서 말을 한 사람이 기억하는 것이라고 내가 말했지.

웨이롭   다른 말로 하자면, 어떤 과거의 생각이나 행동을 기억하는 것으로 추정되는 두 사람이 있을 때, 실제로 기억하는 사람은, 과거의 생각이나 행동을 기억하는 것처럼 보이는 것뿐만이 아니라, 실제로도 그것을 생각했거나 행동했던 사람이라는 거군.

밀 러   그렇지.

웨이롭   그건 말하자면, 과거의 생각과 발언을 했던 사람과 동일한 사람이라는 것이군.

밀 러   그래, 인정해.

웨이롭 그렇다면, 당신의 논변은 바로 다음과 같을 거야. 살아
남음은 상상할 수 있기 때문에 가능하다. 살아남음이
상상 가능한 것은 내가 천상의 어떤 사람과 동일하다
는 것이 상상 가능하기 때문이다. 내가 천상의 어떤 사
람과 동일하다고 상상하는 것은, 첫째로, 내 생각과 행
동을 기억하는 것처럼 보이는, 그리고 둘째로, 바로 나
인 천상의 어떤 사람을 우리가 상상하는 것이다.

분명히 이보다 더 꽉 짜인 순환논증은 거의 없을 거
야. 만약 내가 그 천상의 사람이 나인 것을 의심한다
면, 그녀가 정말로 기억하고 있는지 아니면 기억하고
있는 것처럼 보이는지 의심할 거야. 어느 누구도 사후
에 그가 생각했고 행동했던 것들을 기억하는 것처럼
보이는 어떤 미래의 사람이 존재할 가능성을 의심할
수는 없을 거야. 하지만 그 가능성은 살아남는 가능성
에 대한 문제를 해결하지 못하지. 오직 **실제로** 기억하
는 사람이 존재할 가능성만이 그 문제를 해결할 수 있
어. 왜냐하면, 우리가 동의했듯이, 실제로 내 생각과
행동을 기억하는 사람은 나와 동일하기에 충분하기 때
문이야. 그렇다면 살아남음과 동일성에 대한 의심은
단순히 그 기억들이 실제인가 혹은 단지 겉보기에 그

래 보이는 것인가 하는 것에 대한 의심으로 남김없이 바뀌어 버리네. 당신은 단지 망상에 사로잡힌 천상의 나인 척하는 사람이 존재할 가능성만을 보장하지.

코 언 잠시만요, 그레천 선생님. 제 생각에는 샘 목사님의 생각이 이번에는 공정하게 다루어지지 않고 있는 것 같습니다.

웨이롭 자네는 동일성을 설명하기 위해 진짜 기억을 사용하고, 진짜 기억과 겉보기만의 기억을 구분하기 위해서 동일성을 사용하는 이 순환의 고리를 끊을 수 있다고 생각하는군. 한 번 해 보게.

코 언 선생님이 제시한 최면술사의 경우로 되돌아가 보겠습니다. 선생님은 우리에게 기억하는 것으로 추정되는 두 사람이 있다고 하셨어요. 선생님은 그 둘을 구분 짓는 것이 무엇인지를 물으셨고, 그 대답은 순환적일 수밖에 없다고 즉, 두 사람 모두가 기억하는 것처럼 여겨지는 그 경험들을 실제로 겪은 사람이 바로 진짜로 기억하고 있는 사람이라고 주장하셨습니다.

하지만 그것만이 유일하게 가능한 대답은 아닙니다. 한 경우에서는 경험 자체들이 나중에 기억처럼 보이는 것들을 야기했고, 반면에 다른 경우에서는 최면술사가 기억처럼 보이는 것들을 야기했습니다. 우리는 두 사람들 중에서 이전의 경험들에 의해서 **올바른 방식으로** 야기된 기억들을 가지고 있는 사람이 기억을 하는 사람이라고 말할 수 있습니다. 그래서 우리는 기억을 하고 있는 사람과 최면에 걸린 사람을 동일성에 호소하지 않고도 구분할 수 있습니다.

진짜 기억은 기억처럼 보이는 것에 동일성을 더한 것이라는 생각은 어쨌거나 오해의 소지가 있습니다. 제가 어린아이였을 때, 긴 촛대를 넘어뜨려서 양초들이 스프가 담긴 냄비에 빠져서 스프를 망쳐버린 기억을 하는 것 같습니다. 그리고 제가 실제로 과거에 저질렀던 일이죠. 따라서 우리는 기억처럼 보이는 것과 동일성이라는 두 조건을 충족시키고 있습니다. 하지만 저는 실제로 기억하는 게 **아닙니다.** 왜냐하면 그 일을 지금 기억해 내기에는 그때 너무 어렸거든요. 저는 단지 그 이야기를 너무 자주 들어서 그걸 기억하는 것 같습니다.

진짜 기억은 과거의 사건들에 의해서 적절한 방식으로 야기된 기억처럼 보이는 것이라고 하는 것이 보다 나을 것 같습니다. 그 촛대를 넘어뜨린 제 기억이 아니라, 제 부모님들께서 그것에 대해 나중에 말씀해 주시는 것을 듣고서, 기억 같은 인상을 갖게 되었으니까요.

웨이롭 자네는 개인의 동일성을 기억으로 분석하고, 그리고 기억을 올바른 방식으로 야기된 기억처럼 보이는 것으로 분석하는군. 사람이 어떤 종류의 인과적 과정이라는 거군.

코 언 맞습니다.

웨이롭 이제 논변의 진행을 위해 내가 그것을 받아들인다고 가정해 보지. 자네의 주장이 살아남는 가능성을 옹호하려는 샘의 입장에 어떻게 도움을 줄 수 있나? 일상적인 기억의 경우에, 기억된 사건으로부터 그것의 기억으로 이어지는 인과적 사슬은 하나의 단일한 신체의 범위를 결코 벗어나지 않아. 자네가 말한 인과적 사슬의 일반적인 과정은 어떻게든 두뇌에서의 정보의 저장과 확실히 관련되어 있어. 내 두뇌의 상태들이, 내가 죽을 때, 샘이 나라고 여기는 천상의 사람이 가지는 겉보기의 기억에 어떻게 적절한 방식으로 영향을 미칠 수 있나?

코 언 글쎄요, 저는 살아남는 가능성을 옹호하려고 한 것이 아니었어요. 그건 샘 목사님의 문제이죠. 저는 단지 개인의 동일성이 신체의 동일성에 의해서가 아니라, 기억을 통해서도 설명될 수 있다는 생각이 마음에 든 것뿐이에요.

밀 러 하지만 확실히, 데이브 자네의 생각은 내가 더 변호를 할 수 있는 근거를 제공해 주는군. 그레천, 당신의 요구는 하늘에 있는 두 사람 사이의 차이를 설명해 달라는 것이었어. 한 사람은 당신의 경험을 실제로 기억하고 있는 이, 즉 바로 당신이고, 다른 한 사람은 단지 당신의 경험을 기억하는 것처럼 보이는 사람이지. 하지만 당신인 그 한 사람이 바로 적절한 방식으로 그의 상태가 야기된 그 사람이라고 말할 수 없을까? 그 방식이 현실 세계에서 기억하는 방식과 같다고 말하는 건 아니야. 하지만 바로 당신인 그 천상의 존재의 경우에, 신께서 그녀가 가지고 있는 그 두뇌 상태로 (혹은 무엇이든지 간에) 그녀를 창조하신 건, 당신이 죽을 때 가지고 있던 그 두뇌 상태 **때문**일 거야. 천상에서의 이런 방식은 확실히 나의 나중의 기억들이 내 이전의 지각들에 의존해서 진정한 기억이 되는 지상에서의 방식과 똑같은 형태는 아니지만, 관련된 과정이 정보를 보존한다는 것은 사실이지.

웨이롭 그래서 만약 신께서 내가 죽을 때 가지고 있었던 두뇌를 복제한 두뇌를 갖도록 어떤 천상의 사람을 창조하신다면, 그 사람이 나라는 말이군. 반면에, 만약 어떤 천상의 존재가 (만약 하늘나라에 우연이라는 것이 존재한다면) 내 것과 아주 똑같은 기억처럼 보이는 상태를 우연히 갖게 된다면, 그 사람은 내가 아닐 거라는 말이군.

밀 러 바로 그거야. 당신은 살아남음이 완전하게 이치에 맞는다는 것을 이해했으니 이제 만족하나?

웨이롭 아니, 나는 여전히 납득하지 못했어.

내가 생각하는 문제점은 이거야. 만약 신께서 천상에 한 사람을 창조하실 수 있고, 나를 본떠서 그녀를 설계함으로써 그녀가 내가 되도록 만들었다면, 왜 신께서 두 개의 이런 신체를 만들어서, 이러한 정보의 전달이 두 신체에 모두 일어나도록 하지 못하겠는가? 그렇다면 이들 두 천상의 사람들 모두가 나일까? '이다'가 동일성을 의미하는 경우에,

A는 B이다

와

C는 B이다

로부터

A는 C이다

를 우리가 추론할 수 있다는 것은 철학에서 그 어느 것만큼이나 명백해 보이네. 그러므로, 만약 이 두 천상의 사람들이 각각 모두 나라면, 그 둘은 서로 같을 수밖에 없어. 하지만 그렇다면 그들은 둘이 아니고 하나이지. 하지만 내 가정은 신께서, 하나가 아니라, 둘을 창조하셨다는 것이었어. 신은 그 둘을 물리적으로 구별되게, 독립적인 활동이 가능하도록, 아마도 서로 멀리 떨어진 천상의 장소들에, 그녀들 각각 자신들의 의무를 수

행하도록, 그녀 자신의 천상의 친구들을 갖도록 하는 등등으로 창조하실 수 있네.

그러므로 신이 내 두뇌를 본뜬 두뇌를 가진 어떤 천상의 사람을 창조할 때, 나와 동일한 어떤 사람을 정말로 창조한 것이 아니라 단지 나와 닮은 누군가를 창조한 것이거나, 아니면 신은 그와 같은 존재를 오직 하나만 만들도록 어떤 제한을 갖거나 할 거야. 만약 신이 존재한다면, 신의 능력이 그렇게 유한해야 할 이유가 없다고 생각해. 따라서 나는 첫 번째 경우를 택하겠네. 신은 나와 닮은 누군가를 창조하는 거지, 나일 누군가를 창조하는 게 아니야. 당신의 기억을 통한 분석이 잘못되었고, 결국 그러한 존재는 내가 행하는 것이나 말하는 것을 기억하는 것이 아니거나, 아니면 기억이란 게 사람의 동일성을 위해 충분하지 않네. 당신의 이론은, 불합리하게 귀결되므로, 어디에선가 잘못되었어.

코 언 잠깐만요. 만약 신이 그런 창조물을 하나만 만들면 그것이 선생님이고, 반면에 신이 둘 이상을 만들면 그들 중 어느 것도 선생님이 아니라고 샘 목사님이 단순히 말하면 왜 안 되는 거죠? 신이 오직 하나만 만드는 것도 가능하잖아요. 그렇다면 선생님이 살아남는 것도 가능하죠. 샘 목사님은 항상 선생님이 살아남을 수 없는 것도 **가능하다**고 열어두고 계셨잖아요. 샘 목사님은 적절하게 천상의 사람들을 만들 신이 존재하지 않는 경우나 신이 존재하지만, 천상의 존재를 하나도 만들지 않는 경우도 염두에 두었어요. 선생님께서는 살아남지 못하는 다른 한 가지 방법이 존재한다는 것만을 보여 주셨어요. 너무 적은 수의 천상의 기억하는 사람들을 만드는 대신에, 신이 너무 많은 수를 만드시는 거요. 그래서 뭐가 문제인가요? 신께서 올바른 수만큼 만드실 수도 있고, 그렇다면 선생님은 살아남으실 겁니다.

웨이롭 자네 발언은 정말로 자네의 입장을 바꾸는 것이네. 이제 자네는 기억 하나만으로도 개인의 동일성을 위해 충분하다는 주장을 하는 것이 아니야. 이제 개인의 동일성에 필요한 것은 기억에다가 경쟁이 없다는 것을, 즉 기억을 하는 다른 사람이 없다는 것을 **추가한** 거야.

코 언 그건 정말로 입장의 변화가 맞습니다. 하지만 뭐가 문제인가요? 바뀐 입장에서 허점이 될 만한 게 있나요?

웨이롭 이것을 천상의 사람의 입장에서 살펴보도록 하지. 그녀가 자기 자신에게, "오, 내가 그레천 웨이롭이 했던 것들을 행한 기억이 있고, 그녀가 말했던 것들을 말한 기억이 있으니까, 내가 그레천 웨이롭인 것이 분명해"라고 말하네. 하지만 이것은 아주 근거가 보잘 것 없는 결론이야, 그렇지 않나? 그녀가 정말로 말할 수 있는 것은 단지, "오, 내가 그레천 웨이롭이거나, 아니면 신이 나와 같은 존재를 하나 이상 더 만드셨다면, 우리 중 누구도 그레천 웨이롭이 아니야"라는 말뿐이야. 동일성이라는 것이 전적으로 그녀의 외적인 것들에 의존하는 어떤 것이 되어 버렸네. 그녀가 누구인지는 이제 그녀의 마음 상태와 그 상태가 나의 마음 상태와 갖는 관계에 의해서가 아니라, 다른 사람들이 존재하느냐 존재하지 않느냐에 달려 있게 되었네. 이것이 정말로 자네가 주장하고자 하는 것인가?

　그러면 이번에는 내 입장에서 그것을 살펴보도록 하지. 신께서 하늘나라에 나를 한 명만 창조하셨네. 만약 이것이 일어났다는 것을 확신할 수 있다면, 나는 틀림없이 기쁠 거야. 그런데 이제 신께서 한 명을 더 창조하신다면, 나는 다시 절망할 걸세. 왜냐하면 이건 내가 결코 살아남지 못한다는 것을 의미하거든. 어떻게 좋은 일을 두 번 행하는 것이 그것을 가치 없게 만들 수 있나?

코 언   선생님은 신이 천상의 그레천을 단 하나 창조할 때만 선생님이 살아남는다는 제 제안에 어떤 모순이 있다고 말씀하시는 건가요?

웨이롭   아니, 내가 이해하는 바로는, 그건 모순은 아니야. 하지만 그것은 자네 이론의 어딘가에서 무엇인가가 잘못되었으니까 이상하게 보이겠지. 여기 나와 천상의 한 사람 간에 어떤 관계가 있네. 그런 관계를 맺고 있는 사람이 존재한다는 것이 나에게는 아주 중요한 일이며, 위안의 원천이 되네. 그것은, 그녀가 바로 나이기 때문에, 내가 그녀의 경험들을 하게 될 것이라고 기대하는 것을 적절한 것이 되도록 하네. 그런데 내가 또 다른 존재와 그런 관계를 갖는 것이 왜 이 존재와의 관계를 훼손하게 되지? 자네는 내가 그 둘 어느 누구와도 동일하지 않을 것이기 때문이라고 말했네. 하지만 자네가 동일성이 무엇에 있는지에 대한 이론을 제시했기 때문에, 우리는 내가 누구와 동일하다거나 동일하지 않다는 것이 결국 무엇인지 살펴보고 이해할 수 있다네. 만약 그녀가 내 경험을 기억할 수 있다면, 나는 그녀의 경험을 하게 된다는 것을 올바르게 기대할 수 있네. 하지만 조건이 이것뿐이라면 내 경험을 기억하는 사람이 둘이라고 해도, 아무런 차이가 없을 거야. 그러나 한 사람은 두 사람과 동일할 수는 없으니까, 차이는 분명히 있어야만 해. 그래서 자네는, 만약에 그렇게 연결된 사람이 하나가 아니라 둘이라면, 그녀가 나를 기억한다는 것만으로는 내가 그녀의 경험을 고대하는 것이 적절하지 않다고, 순전히 **임시 변통적인** 방법으로 덧붙이네. 천상에 두 명의 그레천이 있을 때, 기억은 동일성을 보장하지 못하니까, 천상에 오직 한 명의 그레천이 있을 때에도 기억이 동일성을 보장하지 못한다고 결론내리는 것이 보다 합리적이지 않나?

코 언 제 이론에 **임시 변통적인** 것이 있다는 것을 인정합니다. 하지만 아마도 그것이 우리의 개념이 작동하는 방식일

지도 모릅니다. 선생님께서는 어떤 모순도 끌어내지 못하셨어요.

웨이롭 불합리한 것들이 무한히 쌓이면 모순 못지않네. 그리고 자네 설명으로부터 불합리한 점들이 무한정으로 발생할 수 있어. 신께서 내가 죽기도 전에 이 천상의 사람을 창조했다고 가정해 보세. 그렇다면 신은 사실상 나를 죽인 것이야. 만약 신께서 이미 천상의 그녀를 창조하셨다면, 자네는 정말로 자네가 나라고 생각하는 사람과 말하고 있는 것이 아니고, 그레천 웨이롭의 조금 전의 이상한 죽음으로 인해 창조된 새로운 어떤 사람과 말하고 있는 거지. 아니면 신께서 천상에 바로 나인 한 존재를 창조하셨다고 가정해 보세. 그러고 나서 신께서 다른 또 하나를 창조하셨네. 처음에 창조된 존재가 더 이상 내가 아닌 게 되나? 만약 신께서 그런 존재들을 천상에 창조할 수 있다면, 확실하게도 신은 앨버커키Albuquerque(미국 뉴멕시코 주에 있는 도시 — 옮긴이)에서도 할 수 있을 거야. 그러면 자네 이론에서는 앨버커키에서 창조된 그 사람의 신체보다 자네 앞에 있는 이 신체가 그레천 웨이롭의 신체라고 선호할 이유가 전혀 없네. 그래서 만약 신이 이러한 일을 한다면, 나는 갑자기 존재하기를 그만두게 될 거라고 가정하게 되네. 내가 그레천 웨이롭이기를 그만두게 된다고 말해야 할 것 같네. 하지만 그렇게 말하면 상황을 더 혼란스럽게만 할 거야. 자신이 그레천 웨이롭이라고 잘못 기억하는 사람이 여기 내 자리에 존재하게 되는 거지. 그레천 웨이롭은 경쟁에 의해 방금 전에 죽었으니까. 그런 죽음이 있다면 참 이상한 죽음이지. 이 새로운 사람은 내 이름에 대한 권리도, 내 은행 계좌에 대한 권리도, 혹은 그레천 웨이롭의 과거의 월급에서 공제되어 지급되는 보험료로부터 수당을 받는 내 의사의 서비스를 받을 권리도 없을 거야. 확실히 이건 터무니없어. 천상에서든 혹은 앨버커키에서든, 신이 나를 복제할지를 아무리 신중하게 선택한다 할지라도, 나는 존재하기를 혹은 나이기를 그만두지 않을 걸세. 자네는 혹시 신은 자애로우시니까 추가로 그레천 웨이롭을 결코 창조하시지는 않을 거라고 대답할지도 모르지. 하지만 나는 신이 추가로 그레천 웨이롭을 창조할 거라고 말하는 게 아니고, 단지 만일 신이 추가로 그레천 웨이롭을 창조한다고 해도, 그것이, 자네 이론이 함축

하듯이, 내가 존재하기를 그만두는 것을 의미하지는 않을 거라는 걸 말하는 거야. 자네의 이론은 이러한 가능한 상황에서 잘못된 답을 제공하고 있으니까, 잘못된 것임에 틀림없네. 나는 이 문제들에 있어서 가장 분명하고도 솔직한 견해를 포기할 만한 아무런 동기도 부여받지 못했다고 생각하네. 나는 살아 있는 신체이고, 내 신체가 죽을 때, 내 존재도 끝이 될 거야.

A Dialogue
on Personal Identity
and Immortality

웨이롭 샘, 어서와. 나에게 사후에 살아남음이 가능하다는 확신을 주기 위한 세 번째 시도를 하려고 여기에 온 건가?

밀　러 아니야, 난 포기했어. 우리 낚시나 풋볼, 아니면 곧 있을 당신의 죽음과는 상관없는 다른 어떤 얘기를 하는 게 좋겠어. 당신에게 위안을 주려는 어떤 직접적인 시도도 성공하지 못하겠지만, 적어도 당신에게 기분전환은 되겠지.

코 언 잠시만요. 비록 제가 사후에 살아남음에 대해서 특별히 말씀드릴 건 없지만 지난 이틀 밤 동안에 나누었던 대화 중에서 한 가지 여전히 마음에 걸리는 게 있습니다. 낚시 얘기를 시작하시기 전에 사후에 살아남는 것 같은 더 어려운 문제 말고, 개인의 동일성이라는 개념 자체에 대해서 잠시 동안 얘기해 볼 수 있을까요?

웨이롭 나는 좋아. 어떤 점이 자네 마음에 걸리나?

코 언 선생님께서는 개인의 동일성이 인간 신체의 동일성에 불과하지 그 이상도 그 이하도 아니라는 입장이신 것 같습니다. 사람은 단지 살아 있는 인간 신체이거나, 더 정확하게 말하면, 의식을 가지고 아마도 합리적으로 사고할 수 있는 능력을 가진 살아 있는 신체라는 말씀이시죠? 맞습니까?

웨이롭 맞아. 뭐 납득하기 어려운 거라도 있나?

코 언 하지만 저는 그 입장이 잘못되었음을 입증하는 사건이 실제로 일어났다고 생각합니다. 몇 달 전에 캘리포니아에서 발생한, 줄리아 노스의 사건 말입니다. 워낙 희한한 일이라 선생님께서도 분명 기억하실 것 같은데요.

웨이롭 그럼, 아주 잘 기억하고 있지. 하지만 자네가 샘에게 그걸 설명하는 게 좋겠어. 왜냐하면 난 샘이 그걸 못 들어봤다는 데 걸 거니까.

코 언 줄리아 노스에 대해 들어보지 못했다고요? 하지만 그 사건은 일면 머리기사들을 온통 장식했는데요.

밀 러 음, 그레천 말이 맞아. 난 그것에 대해 아무것도 몰라. 그레천은 내가 오직 스포츠 면만을 읽는다는 걸 알거든.

코 언 목사님은 스포츠 면만을 읽으시는군요!

웨이롭 그건 세속적인 문제들에 대해 샘이 무관심하다는 한 표현이네.

밀 러 글쎄, 그건 온당치 못해, 그레천. 그건 기호의 문제야. 난 내가 읽을 수 있는 시간에, 내가 불행하게도 태어난

이 단조롭고 비참한 세기보다는, 18세기에 대해서 읽으면서 시간을 보내는 걸 훨씬 더 선호하네. 자네도 알다시피, 정말로 훨씬 더 문명화된 세기였지. 하지만 내 별난 취미에 대해서는 그만하도록 하지. 줄리아 노스에 대해 얘기해 주게.

코 언　잘 알겠습니다. 줄리아 노스는 철로에서 노닐던 어린 아이의 생명을 구하다가 전차에 치인 젊은 여성입니다. 그 아이의 어머니인 메리 프랜시스 뷰딘은 그 끔찍한 장면을 목격하고는 뇌출혈로 쓰러졌습니다. 줄리아의 건강한 뇌와 망가진 신체, 그리고 메리 프랜시스의 건강한 신체와 망가진 뇌가 훌륭한 신경외과 의사인 매슈스 박사가 재직하고 있는 병원으로 이송되었습니다. 매슈스 박사는 그가 '신체 이식'이라고 이름 붙인 수술을 집도했어요. 그는 아주 최근까지도 불가능했던 기술인 신경 절제술 등을 써서 줄리아의 머리에서 뇌를 꺼내서 그것을 메리 프랜시스의 머리에 이식했습니다. 모든 사람들이 인정했듯이, 이 수술의 생존자는 분명히 줄리아였습니다. 불행하게도 메리의 남편만 그 사실을 인정하지 않았죠. 그 남편은 근시안적이고 상상력이 부족했던 탓에 그 사건을 대단히 복잡하고 극적인 방향으로 몰고 갔고 결국에는 의학사보다 범죄사에 길이 남을 사건으로 만들어 버렸어요. 이 사건의 그 유감스러운 측면에 대해서는 자세히 말씀드리지 않겠습니다. 혹시 목사님께서 관심이 있으시다면, 바버라 해리스가 쓴 《누가 줄리아인가?》라는 책에 상세히 기록되어 있습니다.

밀 러   흥미로운 이야기군!

코 연   그럼, 이 사건이 우리 얘기와 관련이 있다는 것은 말 안 해도 아시겠죠? 줄리아 노스는 사고를 당하기 전에는 하나의 신체를 가지고 있었지만, 수술 이후에 다른 한 신체를 가지게 되었습니다. 그래서 한 사람이 두 신체를 가지게 된 거죠. 따라서 개인은 단순히 인간 신체와 동일시될 수 없습니다. 따라서 선생님의 견해는 무엇인가가 잘못되었음이 틀림없습니다, 그레천 선생님. 이것에 대해서 뭐라고 말씀하시겠어요?

웨이롭   자네에게도 내가 매슈스 박사에게 했던 말을 그대로

셋째 날 밤 103

해 줘야겠네.

코 언   선생님께서 매슈스 박사와 얘기를 나눠 보셨단 말씀이
         신가요?

웨이롭   그랬지. 내가 사고를 당한 직후에 그가 나에게 연락을
         해 왔어. 내 담당의사가 그에게 전화를 걸어서 내 일에
         관해서 얘기했다는군. 매슈스 박사는 나에게도 줄리아
         노스가 받았던 수술을 해 줄 수 있다고 제안하더군. 내
         가 거절했지.

코 언   선생님께서 거절하셨다고요! 하지만 그레천 선생님,
         왜 그러셨죠?

밀 러   그레천, 난 충격**받았어**. 당신의 결정은 사실상 자살행
         위와 다름없어! 계속 살아갈 수 있는 기회를 거절하다
         니. 도대체 왜?

웨이롭   진정 좀 해. 자네들 둘 다 내가 거부하는 것을 가정하
         고 있네. 만약 줄리아 노스의 경우가 개인은 단지 살아

있는 인간 신체일 뿐이라는 내 견해에 대한 반례가 되고, 이러한 수술을 받는 것에 대한 나의 거절이 자살 행위에 해당한다면, 이러한 수술의 생존자는 뇌를 기증한 사람과 동일한 사람으로 간주되어야만 하네. 즉, 줄리아 노스 수술의 생존자는 줄리아여야 하고, 나의 수술의 생존자는 나여야 하네. 이것이 자네들 둘 모두가 나를 비판하면서 하는 가정이야. 하지만 나는 이 가정을 거부하네. 내 생각에는 잭 뷰딘이 옳았어. 줄리아 노스의 뇌가 관련된 수술의 생존자는 메리 프랜시스 뷰딘이고, 내 뇌를 사용해서 행해지는 수술의 생존자는 내가 아닐 거야.

밀 러 그레천, 어떻게 그렇게 말할 수 있나? 당신은 반례가 아무리 명백해도 개인의 동일성이 단지 신체적 동일성이라는 자네의 견해를 포기하지 못하겠어? 나는 당신이 정말로 물질 덩어리에 불과한 당신 신체에 대해 단순히 비합리적인 집착을 하는 것이라고 생각해.

코 언 맞아요, 그레천 선생님, 저도 샘 목사님과 같은 생각이에요. 선생님 너무 터무니없으세요! 줄리아 노스 수술의 생존자는 메리 프랜시스 뷰딘이 누구인지도 몰랐어요. 그녀는 자신이 줄리아였다는 걸 기억했고요.

웨이롭 그녀는 줄리아였다고 기억을 하는 **것처럼 보였지**. 단지 그런 것처럼 보이는 것과 정말로 그런 것하고의 구분이 중요하다는 걸 벌써 잊었나? 내 생각엔 수술을 받고 메리가 살아나긴 했지만, 자기가 줄리아라고 착각하고 있는 거야.

코 언 하지만 선생님도 아시다시피, 그 사건은 법정 공방으로 이어졌어요. 그게 대법원까지 갔다고요. 줄리아가 생존자라고 판결이 났어요.

웨이롭 데이브, 그 논변은 자네답지 않아. 대법원이라고 해서 틀리지 말라는 법 있나?

코 언 아니요, 틀릴 수도 있죠. 하지만 저는 그게 어리석은 판단이라고 생각하진 않아요.

그레천 선생님, 이렇게 생각해 보세요. 이건 동일성을 판단할 때 우리가 사용하는 두 기준이 충돌하는 경우에요. 일반적으로 우리는 개인의 동일성이 신체적 동일성과 심리적 연속성 모두와 관련이 있다고 기대하죠. 즉, 만약 우리가 같은 신체를 가지고 있다면, 믿음이나 기억, 성격적 특색 같은 것들이 또한 놀라울 정도로 같을 것이라고 기대합니다. 그런데 이 사건에서는 일반적으로 일치하는 두 기준이 일치하지 않는 겁니다. 만일 우리가 신체적 동일성을 기준으로 삼게 되면, 우리는 메리 프랜시스 뷰딘이 생존자이고 그녀가 급격한 심리적 변화들을 경험하고 있다고 해야 합니다. 반면에 심리적 연속성을 기준으로 삼으면, 우리는 줄리아가 새로운 신체를 가지고 살아남았다고 해야겠죠. 여기서 우리는 어떤 기준이 보다 중요한지를 선택해야만 해요. 이건 우리의 언어를 어떻게 사용할 것인가 하는, '같은 사람'이라는 개념을 새로운 상황으로 어떻게 확장하는가 하는, 선택의 문제에요. 그리고 이 사건과 관련된 사람들의 압도적인 다수는 생존자가 줄리아라고 받아들였어요. 즉 우리 사회는 개인의 동일성 개념을 신체적 동일성보다는 심리적 연속성에 입각해서 사용하는 쪽을 선택했습니다. 대법원도 요점을 벗어나지 않았고요. 대법원 기능들 중의 하나는 오래된 개념들이 새로운 환경들에 어떻게 적용되어야 하는가를 결정하는 일입니다. 예컨대 '언론의 자유'라는 개념이 형성되었을 때에는 그 존재를 예견하지 못했던 영화나 텔레비전이라는 것들에 적용될 때 그 개념이 어떻게 이해되어야 하는가를, 혹은 '살인'이 태아의 낙태를 포함하는가를 결정하는 것이지요. 물론 대법원이 사실에 있어서 잘못을 저지를 수 있습니다. 그렇지만, 법과 관련된 중요한 개념들을 확장시키는 일은 최종적으로 대법원이 결정하겠죠. **개인**이라는 개념도 그런 개념 아니겠어요?

웨이롭   자네는 생존자가 **누군지** 하는 것이 우리가 언어를 어떻게 사용할지 선택하는 데 달린 협약의 문제라고 생각하나?

코 언   그렇습니다.

웨이롭   자네 주장이 터무니없다는 것을 예를 들어 보여 주지.
내가 그 수술에 동의했다고 가정해 보세. 나는 내가 계속 존재하게 될 것을 바라면서, 수술 후에 깨어날 때 어떤 느낌이 들고 무슨 생각이 날지 기대하면서 침대에 누워 있네. 매슈스 박사가 들어와서 내가 깨어날 때 두통을 겪지 않으려면 아스피린 몇 알을 먹으라고 권하네. 나는 아스피린이 내 위장을 뒤틀리게 하니까 먹지 않을 거라고 말하지. 그는 내가 내일 극심한 두통을 앓는 것이 나은지 지금 배가 좀 아픈 것이 나은지를 묻겠지. 그렇다면 난 아스피린을 먹는 게 합리적일 거라고 동의하네.

자네가 이 시점에 들어와서, 나쁜 소식을 전한다고 가정해 보세. 대법원이 마음을 바꾸었다는 거야! 그렇다면 생존자는 내가 아니게 될 거야. 그래서 내가 말하지. "오, 그렇다면 나는 아스피린을 먹지 않을 거예요, 왜냐하면 두통을 앓게 될 건 내가 아니고 다른 사람일 테니 말이에요. 왜 내가 다른 누군가의 편안함을 위해서, 아무리 조금 아픈 것이라고 해도, 배 아픈 것을 견뎌야 합니까? 결국, 난 내 뇌를 그 사람한테 이미 기증하고 있는데 말이에요."

자, 이것이 불합리하다는 게 이제 분명하네. 우선, 만약에 다음날 그 생존자가 가지게 될 감각들과 생각들을 내가 갖게 되리라고 기대하는 것이 옳았다면, 1천

마일 정도나 떨어진 곳에서 아홉 명의 늙은이들이 내린 결정이 나를 그르게 만들지는 않을 거야. 그리고 만약 내가 그렇게 기대하는 것이 잘못되었다면, 그들의 결정이 나를 옳게 만들 수는 없어. 살아남음에 대한 나의 기대의 옳고 그름이 어떻게 우리가 단어들을 사용하는 방식의 문제일 수가 있나? 만약 기대의 옳고 그름이 그런 문제가 아니라면, 나의 동일성도 언어 사용 방식의 문제인 게 아니네. 생존자와 나와의 동일성, 나의 살아남음은 사실의 문제이지, 협약의 문제가 아니네.

코 언 선생님의 예는 설득력이 있습니다. 제가 혼란스럽다는 걸 인정합니다. 다른 한편으로는, 그 문제가 어떻게 제가 기술한 바가 아닐 수 있는지 이해할 수가 없습니다. 우리가 모든 사실들을 알고 있을 때, 우리가 그것들을 어떻게 기술해야 하는지, 우리가 언어를 어떻게 사용해야 하는지 이외에, 결정되어야 할 게 뭐가 더 남아 있을 수 있나요? 그럼에도 저는 미래의 경험을 기대하는 것의 옳고 그름이 결정해야 할 협약의 문제라고 가정하는 것이 불합리해 보인다는 것은 이해할 수 있습니다.

밀 러 그래, 어쨌거나 나도 협약에 관한 건 썩 그럴듯해 보인
다고 생각하지는 않아. 하지만, 그레천, 난 당신에게 다
시 원래 질문을 던지고 싶어. 사실이냐 아니면 협약이
냐, 문제는 여전히 남아 있으니까. 당신은 왜 이 수술의
생존자가 당신일 것이라는 걸 받아들이지 못하나?

웨이롭 글쎄, **당신이 내게** 말해 봐. 당신은 왜 그녀가 나일 것이
라고 생각하는 거야?

밀 러 난 내가 어젯밤에 전개했던 그 이론을 다시 거론하겠
어. 당신은 개인의 동일성이 기억에 있다는 생각만으
로는 사후에 살아남는 가능성을 보장해 주지 못한다고
논변했지. 하지만 그것이 개인의 동일성에 대한 설명
으로 그럴듯하다는 것을 당신도 부정하지 못했어. 기
억하게, 그것은 우리가 신체를 살펴보지 않고서도, 우
리 자신의 동일성을 판단하는 우리의 능력을 잘 설명
해 주는 큰 장점을 가지고 있네. 나는 이 이론이 옳다
고 가정하면, **거의** 모든 사람들이 기꺼이 줄리아 수술
의 생존자가 줄리아라고 말하려 한다는 점을 설명해
준다고 주장할거야. 우리는 우리의 개념을 어떻게 확

장할지 숙고할 필요가 없고, 우리가 이미 가지고 있는 개념을 단지 적용하기만 하면 되네. 동일성을 갖기 위해서는 기억으로 충분하고, 신체적 동일성은 필요하지 않아. 그 생존자는 줄리아의 생각과 행동을 기억했고, 그래서 줄리아였어. 당신이 그 수술을 받기만 하면, 수술의 생존자는 당신의 생각과 행동을 기억할 거고, 우리가 지금 나누고 있는 바로 이 대화를 기억할 거고, 그래서 당신일 거야.

코　언　그래요, 이제 저도 샘 목사님에게 완전히 동의해요. 개인의 동일성이 기억을 통해서 분석되어야 한다는 이론은 옳아요. 그리고 그 이론에 따르면 선생님이 그 수술을 받기만 하면 선생님이 살아남으실 거예요.

　저도 선생님의 견해와 반대되면서 기억 이론을 지지해 주는 다른 논변을 하나 들어 볼게요. 선생님께서는 동일성이 **기대**의 조건이라고 강조하셨어요. 그것은, 다른 무엇보다도, 우리가 우리 자신이라고 여기는 미래의 그 사람에 대해 특별한 관심이 있다는 것을 의미해요. 만약 우리 셋 중에서 누군가가 내일 고통 받을 거라는 말을 듣게 된다면, 저는 슬플 거예요. 하지만 만약 내일 아프게 될 사람이 선생님이나 샘 목사님이라면, 제 염려는 이타적이거나 비이기적인 게 될 거예요. 왜냐하면 그 고통을 제 자신이 겪을 거라고 예상하진 않을 테니까요. 여기서 저는 전에 우리가 했던 대화에서 선생님께서 주장하신 점들을 되풀이했을 뿐이에요.

선생님도 아시다시피 우리가 우리 자신의 미래를 내다보는 방식과 다른 사람의 미래를 내다보는 방식 사이에는 엄연히 비대칭성이 존재해요. 그런데 단지 신체가 같고 다르다는 것으로부터 이러한 비대칭성을 설명해 줄 수 있는 게 뭐가 있나요? 다른 말로 하자면, 샘 목사님께서 말씀하셨듯이 단지 물질 덩어리에 불과한, 선생님 신체의 동일성이 왜 그렇게 중요하죠? 왜 그렇게 신체에 신경을 쓰시는 거예요?

웨이롭   자네가 말하듯 개인의 동일성은 아주 특별한 관계라는 점에 동의하네. 너무나 특별해서 관계라고 부르는 것도 아마 어색하게 들릴 수 있지. 그리고 자네 말로는 내 이론이 개인의 동일성이 바로 신체의 동일성이라는 거니까, 전자의 중요성을 후자의 중요성을 통해서 설명할 수 있어야 한다는 것이군.

내가 그럴 수 있을지 확실하지 않아. 하지만 개인의 동일성이 기억에 있다는 이론이 이 점에 있어서 더 나은 성과를 낼 수 있을까?

코 언 글쎄요, 저는 그럴 거라고 생각합니다. 사람들을 아주 가치 있게 만들고, 그들의 개성을 나타내 주고, 한 사람을 그의 친구들과 사랑하는 사람들에게 아주 특별한 존재가 되어 주도록 하는 사람의 그러한 속성들은 궁극적으로 심리적이거나 정신적인 것이에요. 사람의 성격, 인성, 믿음, 태도, 신념 같은 것들이 바로 모든 사람을 유일하고 특별하게 해 주는 것들이에요. 깡마른 그레천 선생님은 우리 모두에게 충격이겠지만, 선생님의 어떤 중요한 측면이 줄어든 건 아니에요. 하지만 재치가 없거나 퉁명스럽지 않거나 정직한 논변을 하지 않는 그레천 선생님은 인간적으로 가능하지만, 그런 것들은 근본적인 변화일 거예요. 그 캘리포니아 참사의 생존자가 줄리아 노스라고 여기는 게 도대체 뭐가 문제라는 거죠? 그 생존자가 메리 프랜시스 뷰딘의 믿음이나 태도나 기억들을 전혀 갖지 않고 있는데, 그녀를 메리 프랜시스 뷰딘이라고 간주하는 게 말이 되나요?

한 개인의 여러 속성들 중에서 특히 다른 사람들에게 중요한 것이 바로 앞서 말한 심리적 속성이라면, 인정하시죠? 그렇다면 이러한 속성들이 자기 자신에게도 중요한 토대가 된다고 하는 게 합리적이지 않나요? 그리고 이런 것들이 바로, 개인의 동일성이 기억의 연계에 있다고 간주될 때, 개인의 동일성이 보존하는 속성들이죠. 우리는 적어도 이런 생각을 염두에 두고, 동일성이 중요하다는 것을 설명해 보려 하지 않나요?

웨이롭 그렇다면 자네 둘은 두 가지 생각에서 기억 이론을 옹호하는군. 첫째로, 기억 이론은, 자신의 신체를 살펴보지 않고서도, 어떻게 자기 자신의 동일성에 대한 판단이 가능한지를 설명해 준다고 자네는 말하고 있네. 둘째로, 기억 이론은 개인의 동일성이 왜 중요한지를 설명해 준다고 자네는 말하네.

코 언 이제 확실히 선생님께서도 기억 이론이 옳다는 것에 동의하셔야 해요. 동의하시는 거죠? 매슈스 박사와 연락할 시간이 아직 남아 있을지 모릅니다.

웨이롭 잠시만 기다리게. 긴장을 풀고 논의를 즐겨보세. 난 아직 존재하네. 내 생명을 구하려는 노력은 그만두고 자네의 이론을 구하려는 염려나 하게. 왜냐하면 나는 아직도 설득되지 않았으니 말이야. 그 생존자가 자신을 나라고 **생각**할 거라고, 내 생각들을 생각한 것을 기억하는 **것처럼 보인다**고 인정해 보세. 하지만 진짜 기억과 단지 겉보기만의 기억을 구분하는 것이 중요하다는 것을 상기해 보게.

코 언 하지만 겉보기만의 기억들이 이전의 경험들에 의해서 적절한 방식으로 야기되었는지 야기되지 않았는지를 기초로 해서 이러한 구분이 이루어졌다는 것을 **선생님**께서도 기억하시잖아요. 이 생존자는 최면에 의해서도 혹은 우연이나 과도한 상상에 의해서도 선생님의 생각들을 기억하는 것처럼 보이지는 않을 거예요. 그러한 경험들이 선생님의 두뇌에 남긴 흔적들이 이제 그녀의 마음을 일상적인 방식으로 활성화하였기 때문에 그녀는 그것들을 기억하는 것처럼 보일 거예요. 그녀는 그것들을 기억하기 때문에 그것들을 기억하는 것처럼 보이는 거예요, 그리고 그녀가 선생님일 거예요.

웨이롭   자네 아주 단호하구먼. 그래서인지 내가 다소 위축되는군. 이 모든 것을 풀어낼 시간이 남아 있는지 모르겠네. 하지만 철학을 함에 있어서 서두르는 것은 결코 좋을 게 없지. 그러니 이것을 천천히 숙고해 보세.

매슈스 박사가 제안하는 이 이상한 수술의 생존자가 내가 행했던 것을 행한 것으로 기억하는 **것처럼 보인다**는 것에 우리 모두가 동의하네. 그녀가 자기 자신을 나라고 여겨서, 그레천 웨이롭이라고 주장할 뿐만 아니라 그녀가 다른 사람일 수 있다는 생각조차도 하지 않는다고 가정해 보세. (그렇다면 우리는 그녀가 나와 한 가지 측면 즉, 개인의 동일성에 관한 그녀의 이론에서 다르다는 가정을 하는 거야. 하지만 내가 그 때가 되면 내 마음을 바꿀 수도 있으니까, 이것이 그녀가 내가 아니라는 것을 보여 주지는 않네.) 우리 모두는 우선 이 정도로는 그녀를 나로 만들지 못한다는 것에 동의하는 거네. 왜냐하면 이것은 망상을 겪고 있는 사람에게나 혹은 최면에 걸린 사람에게도 모두 참일 수 있기 때문이지.

코 언   그렇습니다. 이 점에는 모두 동의합니다.

웨이롭   하지만 이제 자네는 그녀의 겉보기만의 기억들을 **진짜** 기억들이 되게 하는, 어떤 **앞으로의** 조건이 만족된다고 생각하는군. 그렇다면 이 앞으로의 조건이라는 게 정확히 뭔가?

코 언   글쎄요, 같은 뇌가 사건들의 지각과, 그리고 그들의 나중의 기억에도 관련되었다는 것이겠지요. 그렇다면 우리는 여기서 오직 단일한 신체가 관련되었을 때와 똑같은 종류의 인과적 연계를 갖는 거죠. 즉, 사건이 발생했을 때 지각들은 뇌에 흔적을 남기고, 이 흔적이 나중에 기억의 내용에 대한 원인이 되는 겁니다. 그리고 올바른 방식으로 야기된 겉보기만의 기억은 진짜 기억이라고 우리가 동의했습니다, 동의한 거 맞죠?

웨이롭   그러면 같은 두뇌가 관련된다는 것이 절대적으로 중요하다는 것인가?

코 언   무슨 의미죠?

웨이롭   매슈스 박사에 관련해서 다시 설명해 보지. 그는 나와의 대화에서 자신이 연구하고 있는 **두뇌 재생**이라고 불리는 새로운 수술에 대해 설명했네. 지금은 가능하지 않지만 오직 개발 가능성만이 연구되고 있는 이 수술에 의해서, 내 두뇌의 정확한 복제물인 즉, 심리적으로 적절한 상태들의 관점에서 정확히 복제물인 새로운 두뇌가 만들어질 수 있다네. 이것은 내 두뇌의 모든 속성들의 복제물은 아닐 수 있어. 예를 들면, 새 두뇌의 혈관들은 예전 두뇌의 혈관들보다 튼튼할 수도 있지.

밀 러 그런 무시무시한 기술을 개발하는 요지가 뭐지?

웨이롭 매슈스 박사의 생각은 뇌출혈이나 혹은 다른 두뇌 손상을 야기할 수 있는 결함들이 발견되면, 건강한 복제물이 원래의 것을 대체하도록 만들어질 수 있다는 거야. 결함에 따른 문제를 미연에 방지하기 위해서 말이야.

　자, 데이브, 이제 내 문제가 내 간과 콩팥과 같은 것들이 아니라, 내 두뇌에 있다고 가정해 보세. 자네는 내게 유익하다며 이러한 수술을 권하겠나?

코 언 선생님 말씀은, 제가 그러한 수술의 생존자가 선생님일 거라고 생각하는지 묻는 건가요?

웨이롭   정확히 그렇다네. 자네는 매슈스 박사의 기술이 완벽해서 거기에 관련된 인과적 과정이 일반적인 기억에서 관련된 것 못지않게 신뢰할 만하다고 가정해도 되네.

코 언   그렇다면 저는 생존자가 선생님이라고 말할래요. 아니요! 잠깐만요! 그건 선생님이 아니에요. 절대로 아니에요.

밀 러   아니 왜 그렇게 갑자기 뒤바뀌지? 내가 보기에는 생존자가 그레천일 것 같은데. 정말로, 만약 그 수술이 다른 것들에는 영향을 미치지 않고 내 현기증만 없애준다면, 나는 그러한 수술을 받아보겠어.

코 언   안 돼요, 목사님, 모르시겠어요? 그레천 선생님이 우리를 거짓 함정에 빠뜨리시려는 거잖아요. 만약 우리가 그 생존자가 선생님이라고 말하면, 선생님께서는, "그렇다면 매슈스 박사가 두 개의 복제물을, 혹은 세 개 혹은 열 개의 복제물을 만들면 어떻게 하나? 그들 모두가 나일 수는 없고, 그들 모두가 동등한 권리로 주장할 테니, 모두 다 내가 아닐 거야"라고 말하실 거예요. 이건 어젯밤의 그 논변을 지상에 적용한 거예요. 그러니까 대답은 아니라는 거예요. 절대로 아니에요. 생존자는 선생님이 아닐 거예요. 뇌를 복제해서는 동일성을 보존하지 못해요. 사람의 동일성은 그 뇌의 동일성을 요구합니다.

밀 러   아주 그렇군.

웨이롭   내 집중력이 떨어져 가고 있는 것 같으니까, 내가 자네의 이론을 잘 이해하고 있는지 살펴보세. 우리가 두 개의 신체인 A와 B를 가지고 있다고 가정하세. 내 두뇌가 A에 놓이고, 복제물이 B에 놓이네. 이 수술의 생존자, 이 둘을 'A-그레천'과 'B-그레천'이라고 부르세. 둘 모두는 바로 이 대화를 한 것을 기억하는 것처럼 보이네. 둘 모두는 내가 이런 말을 함으로써 시작된 어떤 정보-보존의 인과적 연쇄의 최종 단계로서, 기억을 하는 것처럼 보이는 상태에 있네. 둘 모두 내 성격, 인성, 믿음 같은 것들을 갖고 있네. 하지만 전자는 **실제로** 기

억하고 있고, 후자는 그렇지 않네. A-그레천은 실제로
나이고, B-그레천은 내가 아니야.

코 언   정확합니다. 여기에 앞뒤가 맞지 않는 게 있나요?

웨이롭   아니야, 내 생각에 앞뒤가 맞지 않는 건 없다고 생각하
네. 하지만 자네가 기억 이론을 옹호하기 위해서 주장
했던 장점들에 대해선 무슨 일이 일어났는지 살펴보세.

첫째로, 기억 이론은 내 눈을 떠서 내 신체를 살펴보
지 않고도 내가 누구인지 어떻게 알 수 있는지를 설명
한다고 자네는 말했어. 하지만 자네 이론에 따르면 그
레천-A와 그레천-B는 심지어 그들이 눈을 떠서 그들
의 신체를 살펴본다고 해도 그들이 누구인지 알 수가
없네. 그레천-A는 그녀가 원래의 뇌를 가져서 그녀가
그렇게 보이는 사람인 나인지, 혹은 복제물인 뇌를 가
져서, 단지 태어난 지 몇 분밖에 안 된, 기억이 아닌 단
지 망상들을 가진 새로운 사람인지 어떻게 알겠어? 만
약 병원이 기록하는 데 부주의했다면, 혹은 그 외과 의
사가 누가 원래의 뇌를 가졌고 누가 복제물인 뇌를 가
졌는지를 확인하는 일이 그렇게 중요하지는 않다고 생

각했다면, 그녀는 자신이 누구인지 결코 알지 못할 거야. 사람의 동일성을 뇌의 동일성으로 전환시켜 놓음으로써, 자네의 이론은 내가 누구인지를 결정할 수 있도록 하는 쉬운 일을 내 이론보다 더 불가사의하게 만들었어.

둘째로, 자네 이론이 그녀가 나인 것을 알든 모르든 어쨌거나 나인 그레천-A에 대한 나의 염려가 왜 이기적인지, 그리고 그녀의 경험을 가질 거라는 나의 기대가 왜 옳은지를 설명한다고 말했네. 반면에 그녀의 복제된 두뇌를 가진 그레천-B에 대한 나의 염려는 비이기적이고, 그녀의 경험들을 가질 거라고 내가 기대하는 것은 잘못이라는 것을 설명한다고 말했네. 그리고 자네는, 기억의 연계들을 주장함으로써 우리가 개인의 동일성에 있어서 사람의 가장 중요한 특색들인 심리적 특성들을 더 보존하기 때문에 그러한 것을 설명한다고 말하네.

하지만 그레천-A와 그레천-B는 심리적으로 구별 불가능하네. 비록 그들이 각기 다른 길을 가겠지만, 깨어나는 순간에는 모든 심리적인 측면에서 정확히 유사할 걸세. 특성과 믿음 그리고 그들의 마음의 내용들에서 그레천-A는 그레천-B에 비해서 나와 더 닮은 것은 아니야. 따라서 우리가 동일성을 가졌을 때 기대를 하는 것이 왜 적절하고 그렇지 않을 경우에 적절하지 않은지에 있어서 결국 자네 이론은 아무런 설명도 하지 못하네.

샘, 당신은 내가 이 가치 없는 물질적 대상인 내 신체에 대해 비합리적으로 집착한다고 말했네. 하지만 당신도 역시 마찬가지로 당신의 뇌에 비합리적으로 집착하고 있어. 난 내 뇌를 본 적이 없네. 만약 내가 직면한 것이 두뇌 재생에 관한 선택이었다면, 난 쉽게 내 뇌를 포기할 수 있었을 거야. 난 내 뇌를 본 적도 없고, 느껴본 적도 없고, 그것에 집착하지도 않아. 하지만 내 신체는? 나에게는 그것이 내 전부인 것처럼 보이네. 만약 아직 시간이 있다 하더라도, 나는 내 신체의 운명을 벗어나려는 시도가 아무 의의가 없어 보이네.

하지만 어쩌면 내가 당신 논변들의 장점들을 놓치고 있는지도 몰라. 피곤하군. 아마도 내 불쌍한 뇌가, 무시당한 것 같이 느껴서, 나를 버리려 하나 보네 ─

코 언 오, 그레천 선생님, 걱정하지 마세요. 선생님은 여전히 현명하십니다. 선생님께서 저를 다시 혼란에 빠뜨리셨어요. 제가 뭐라고 말해야 할지 모르겠어요. 하지만 다음 물음에 답해 주세요. 선생님이 옳고 저희가 틀렸다고 가정해 보죠. 하지만 이러한 논변들이 선생님에게 떠오르지 않았고, 우리와 같이 오류를 범하셔서, 선생님께서 수술에 동의하셨다고 가정해 봐요. 선생님께서는 살아나실 거라 생각하면서 수술이 시작할 때까지 기대하시죠. 선생님은 행복할 거예요. 그 생존자는 그녀 자신을 선생님이라고 간주할 거고 수술 이전에, 이제 옳은 것으로 판명된, 결심을 했다고 생각할 거예요. 그녀도 행복해요. 선생님의 친구들도 행복하고요. 그 수술 전이든 후이든 간에, 누가 더 나빠진 사람이 있나요?

심지어 선생님께서 동일성이 그와 같은 수술에 의해서 보존되지 않으리라는 것을 깨달았지만, 어쨌거나 그 수술을 받기로 결정하셨다고 가정해 보죠. 수술 시간이 다가옴에 따라서, 선생님은 나아가 그 생존자의 경험들을 기대한다고 가정해 보세요. 정확히 여기 어디에 잘못이 있나요? 선생님께서 자기 자신보다 그 생존자를 덜 염려하셔야 할 어떤 이유가 정말 있나요? 신체의 동일성이 결여되었다는 것은 단지 선생님이 그녀이지 못하게 할 뿐인데, 단순한 신체의 동일성이라는 게 그렇게 중요한가요? 어쩌면 결국 우리가 기대의 필요조건으로서 동일성에 초점을 맞추는 것이 잘못인지도 몰라요.

밀 러 데이브, 너무 늦었네.

주석

첫째 날 밤

개인의 동일성이 비물질적인 영혼의 동일성에 있다는 입장에 반
대하는 논변들은 존 로크의《인간 오성론》II(권) 27장인 '동일성
과 다양성에 관하여'에 있는 논변들과 유사하다. 이 장은 1964년
의 둘째 판에 처음 실렸다.

둘째 날 밤

개인의 동일성이 신체적 동일성에 있다는 견해에 반대하는 논변
들 역시, 기억이 중요하다는 이론과 마찬가지로, 로크에 의해 제
시되었다. 기억 이론이 순환적이라는 논변은 1736년에 처음 출판

된《종교의 유비》라는 책의 부록인 〈개인의 동일성에 관하여〉에서 조지프 버틀러가 제시하였다. 로크의 기억 이론은 H. P. 그리스, A. M. 퀸튼을 포함한 많은 현대 저자들에 의해서 발전되었고, 시드니 슈메이커에 의해서는 다른 방향으로 발전되었다. 순환론이라는 버틀러의 주장을 인과론에 호소함으로써 벗어나 보려는 가능성은 슈메이커가 쓴 〈개인들과 그들의 과거들〉이라는 논문에서 발견되고 데이비드 위긴스가 쓴《동일성과 공간적 시간적 연속성》에서도 발견된다. '복제 논변'은 분명히 18세기 자유사상가인 앤서니 콜린스에 의해서 처음 사용되었다. 콜린스는 로크의 개인의 동일성 이론과 같은 어떤 것이 옳다고 가정하였고, 불멸성 원칙에 대한 문제점들을 제기하기 위해 복제 논변을 사용하였다.

셋째 날 밤

바버라 해리스가 쓴《누가 줄리아인가?》는 1972년에 출판된 흥미로운 소설이다(매슈스 박사는 아직 두뇌 재생에 관해서는 생각하지 못했다).

로크는 구두 수선공의 신체로 옮겨진 왕자의 '의식'의 가능성을 고려하였다. 어떻게 이런 일이 일어날 수 있는지를 제시하기 위하여 두뇌를 제거한다는 생각은 시드니 슈메이커의 획기적인 책, 《자기-지식과 자기-동일성》(1963)에서 나왔다. 버나드 윌리엄스는 그의 책《자아의 문제들》(1973)에 수록된 많은 중요한 논문들에서, 그와 같은 두뇌 제거는 신체 이식과 다를 바 없다는 견해 및 기억 이론에 대해 현명하고도 분명하게 반대하였다. 특히 윌리엄스는 이 복제 논변이 심지어 지구상에서의 개인의 동일성 문제에 있어서도 적절한 것임을 강조하였다. 이 책에서의 웨이롭의 입장은 다른 누구보다도 윌리엄스에 의해서 고무되었다. 나는 윌리엄스의 논변들과 관련된 주제들을 〈자아는 나뉠 수 있는가?〉(*Journal of Philosophy*, 1972)라는 논문과 그의 책에 대한 논평(*Journal of Philosophy*, 1976)에서 다루었다.

이 대화의 끝부분에서 떠오른 주제들에 관한 중요한 논문은 데릭 파핏의 〈개인의 동일성〉(*Philosophical Review*, 1971)이다. 이 논문은 내가 편집한 논문집《개인의 동일성》(1975)에 로크의 몇몇 장과 흄, 슈메이커, 윌리엄스, 그리고 다른 사람들의 많은 다른 중요한 장들 및 논문들과 함께 실려 있다. 이 책의 끝에서 코언이 제기한 문제들을 다룬 내 논문 〈동일함의 중요성〉을 포함하여, 개인의 동일성에 관한 많은 새로운 논문들이 아멜리에 로티가 편집한《사람들의 동일성들》(1976)에 실려 있다.

개인의 동일성과 불멸성에 관한
대화

초판 1쇄 발행 | 2017년 2월 10일
초판 2쇄 발행 | 2022년 4월 20일

지은이 | 존 페리
옮긴이 | 김태량
펴낸이 | 이은성
편 집 | 황서린
디자인 | 백지선
펴낸곳 | 필로소픽

주 소 | 서울시 종로구 창덕궁길 29-38, 4-5층
전 화 | (02) 883-3495
팩 스 | (02) 883-3496
이메일 | philosophik@hanmail.net
등록번호 | 제2021-000133호

ISBN 979-11-5783-074-9 93100

필로소픽은 푸른커뮤니케이션의 출판브랜드입니다.